Fritz August Hoenig

Das grosse Hauptquartier und die Oberkommandos am 17. und 18. August 1870

Fritz August Hoenig

Das grosse Hauptquartier und die Oberkommandos am 17. und 18. August 1870

ISBN/EAN: 9783743439108

Hergestellt in Europa, USA, Kanada, Australien, Japan

Cover: Foto ©ninafisch / pixelio.de

Manufactured and distributed by brebook publishing software
(www.brebook.com)

Fritz August Hoenig

Das grosse Hauptquartier und die Oberkommandos am 17. und 18. August 1870

Das

Große Hauptquartier

und

die Oberkommandos

am 17. und 18. August 1870.

Von

Fritz Hoenig.

Motto: But he that filches from me my good name.
Robs me of that which not enriches him,
And makes me poor indeed.
Shakspeare, Othello, Scene III, Akt III.

Mit einer Aebersichts-Skizze.

Dritte Auflage.

Berlin.
Verlag von Friedrich Luckhardt.
1892.

Inhalts-Verzeichniß.

	Seite
Vorwort	4
Etwas über die Kritik im Allgemeinen	5
Die Kritik und die Manneszucht	8
Das Hauptquartier und die „Friktionen"	12
Die Frage des Eingreifens des Hauptquartiers in unterstehende Befehlsbereiche	19
Der König, Moltke und Goeben	24
Die Frage der Rückkehr nach Pont à Mousson	29
Ankunft der Franzosen in ihrer Stellung	39
Pietät	43
Schlachtleitung, Standpunkte des Leiters	50
Schluß	55

Vorwort.

Die nachfolgende Darlegung ist mir aufgezwungen worden. Daß ich gern auf den Gegenstand eingegangen sei, wird wohl Niemand glauben, nachdem ich aber nicht anders kann, ist es mir lieb, bei dieser Gelegenheit lautgewordenen Mißdeutungen entgegentreten zu können.

Friedenau, 18. März 1892.

Fritz Hoenig.

Etwas über die Kritik im Allgemeinen.

Das „Militär = Wochenblatt" brachte in seiner Nummer 12 eine Beurtheilung meiner „24 Stunden Moltke'scher Strategie", auf welche in Nummer 20 eine zweite erschien, weil den Verfasser die mir in der ersten gespendete Anerkennung verdrossen hatte. Bei solcher Absicht war ich weder über die Mittel seines Streites gegen mich einen Augenblick im Ungewissen noch über die Stelle, bei der die Nummer 12 Mißfallen erregt hatte. Im Allgemeinen ist es mir gleichgültig, was über meine Arbeiten gesagt wird; ich ärgere mich weder, wenn sie getadelt, noch freue ich mich, wenn sie gelobt werden. Denn von diesen Dingen verstehen sehr wenige etwas, und von diesen Wenigen schreiben wieder nur sehr wenige. Diese Ansicht findet wenigstens eine Bestätigung in den über die „24 Stunden" mir zugegangenen „Kritiken". Unter mehr als 100, welche fast ausschließlich in sehr anerkennender Form gehalten sind, könnte ich nur vier aufführen, deren Verfasser das Gebiet be= herrschen, über welches sie sprechen. Es sind die in der „Täglichen Rundschau", in den „Jahrbüchern für die deutsche Armee und Marine", in der „Deutschen Heeres=Zeitung" und in der „Allgemeinen Militär= Zeitung" (Darmstädter). Unter diesen vier ist die zweite, vom General der Infanterie v. Scherff herrührend, weitaus die sachverständigste und belehrendste. In diesem Falle sehe ich mich aber zu einer Antwort genöthigt, weniger wegen des Inhalts der beiden Kritiken, als wegen des Organs, in welchem sie erschienen sind. Das „Militär=Wochen= blatt" zeigte sich nicht geneigt, meine Gegenschrift aufzunehmen — sondern lediglich „eine kurze Berichtigung thatsächlicher Angaben" — insofern befinden sich nun meine Kritiker daselbst in einer strategisch vor= theilhaften Lage. Da aber beide Kritiker sich mehr mit Empfindungen und Gefühlen als mit den nackten, der Geschichte angehörenden That=

sachen befassen, so ist mit „einer Berichtigung thatsächlicher Angaben" den Gegnern schlechterdings nicht beizukommen. Vor allen Dingen sollte man den Schwerpunkt darauf legen, was ausgedrückt werden soll. Ein rundes Wort verkürzt die Darstellung und überhebt den Darsteller umschreibende Seitenwege zu betreten, um dasselbe mit endlosen Ver= klausulirungen vorzubringen und die Sprache zum Verbergen des eigenen Tadels zu benutzen. Das ist aber nicht die Sprache der Geschichte. Zudem ist es immer höflicher, die Wahrheit rund heraus zu sagen, als Thatsachen mit gestriegelten Redensarten zu verzieren.

Der Leser fordert Aufklärung und Belehrung, keinen Zank und Streit. Ich werde mich daher in der nachfolgenden Erörterung haupt= sächlich mit bisher nicht bekannt gewordenen Thatsachen befassen, wodurch die Ereignisse in ein weit schärferes Licht gerückt werden. Wenn man aber gemeint haben sollte, man müsse das Sprüchwort bewahr= heiten: „Wie man in den Wald hineinruft, so schallt's wieder heraus", so will ich nur bemerken, daß es mir gar nicht unangenehm wäre, wenn das sachlich so gehalten würde. Allein es hat eben nicht so herausgeschallt, wie hineingerufen worden ist. Ich mag hier und da scharf im Ausdruck sein, ich habe nie die Empfindungen eines Mannes verdächtigt oder angegriffen, erst recht nicht die eines Gegners. Im Uebrigen mögen diese Gegner sich ein für alle Mal gesagt sein lassen: Sie sind nicht die Männer, mich bange zu machen; ich kann noch viel lauter in den Wald hineinrufen, ich kann es auf Grund guter Unter= lagen und ich werde es thun, das Herausschallen fürchte ich nicht.

Das „Militär=Wochenblatt" scheint sich auch in einem sonderbaren Zwiespalt der Natur zu befinden: Nicht nur, daß der Kritiker in Nummer 20 das schlecht findet, was der in Nummer 12 gut heißt, die Kritiker in Nummer 12 und 20 nehmen weiterhin hinsichtlich des Gegen= standes einen vollständig heterogenen Standpunkt ein. Nun kann ja jede Sache von verschiedenen Seiten beleuchtet werden, allein über die Frage der Nützlichkeit einer kritischen Untersuchung historischer Ereignisse überhaupt sollte doch nur eine Ansicht bestehen, denn hier kann schlechterdings von zweien nur eine die richtige sein, die, welche unseren gesammten kritischen Forschungen gewissermaßen als Leitmotiv zu dienen hat, falls die Forschung nachkommenden Geschlechtern Lehren an die Hand geben soll. Daß das „Militär=Wochenblatt" auch darüber anderer Auffassung ist, mag nun bewiesen werden. Der Kritiker in

Nummer 12 hält überhaupt Niemanden für befugt, die höchste Führung einer Kritik zu unterziehen, denn er sagt:

„Und für wen sollte eine kritische Betrachtung von Begebenheiten des Krieges 1870/71 vom Gesichtspunkt der höheren Führung geschrieben, wer sollte belehrt werden? Doch nur Diejenigen, welche zur höheren Führung in einem zukünftigen Kriege berufen werden können. Es läßt sich doch aber annehmen, daß diese Männer sich durch eingehende Beschäftigung mit der Kriegsgeschichte auf ihre verantwortungsvolle Aufgabe mit allem Ernst vorbereiten. Sie handelten gewissenlos, thäten sie es nicht. Wer die Armee kennt, weiß, daß sie es thun, daß sie in größeren und kleineren Kreisen die Fragen der höheren Führung an der Hand der Kriegsgeschichte erörtern. Wenn sie mit den Ergebnissen ihrer Studien nicht an die Oeffentlichkeit treten, so haben sie andererseits doch auch keinen Anlaß, ihre Belehrung aus Veröffentlichungen Anderer zu entnehmen. Ein dringendes Bedürfniß für eine kritische Darstellung der Begebenheiten des Krieges 1870/71 vom Gesichtspunkt der höheren Führung lag somit nicht vor.

Wenn der Herr Verfasser diese oder ähnliche Betrachtungen angestellt hätte, würde er vielleicht von der Veröffentlichung seines Buches für jetzt Abstand genommen haben. Da dasselbe der Oeffentlichkeit übergeben ist, wird es gewiß einen großen Leserkreis finden, dafür spricht der Ruf des Verfassers als Militärschriftsteller, sein Darstellungstalent, seine logische Klarheit, seine lebendige, zuweilen dramatisch gestaltete Schreibweise. Viele Ausführungen des Herrn Verfassers werden Zustimmung finden, manche derselben Widerspruch erfahren. Die meisten Leser werden das Buch mit einem aus Verstimmung und Befriedigung gemischten Gefühl aus der Hand legen, Jeder, der es zu lesen begonnen hat, wird es zu Ende lesen, so sehr weiß es zu fesseln."

Hierauf bemerkt der Kritiker in Nummer 20:

„In Nummer 12 des „Militär-Wochenblattes" findet sich eine Besprechung des oben bezeichneten Buches, die sich im Allgemeinen anerkennend über diese neueste Veröffentlichung Hoenigs äußert. Nur in andeutender Weise wird dabei die Kritik, die Hoenig an den höheren Führern des Feldzuges 1870/71 übt, zurückgewiesen, aus einem Grunde, dem wir uns nicht anzuschließen vermögen. Der Verfasser jener Zeilen meint nämlich, daß man sich dabei beruhigen könne, wenn nur „die-

jenigen, welche zur höheren Führung in einem zukünftigen Kriege be=
rufen werden können", sich eingehend mit der höheren Führung im
letzten Kriege beschäftigen. Dem gegenüber steht die berechtigte Auf=
fassung, daß dieser Krieg nach allen Richtungen hin auch für die jungen
Offiziere nutzbar gemacht werden muß. Der Offizier soll sich nach
altpreußischem Brauch nicht nur mit Dingen beschäftigen, die in seinem
allernächsten Gesichtskreise liegen, sondern er soll von vornherein darauf
ausgehen, diesen Gesichtskreis zu erweitern. Sollen etwa unsere Offi=
ziere sich erst dann um die höhere Führung kümmern, wenn sie
kommandirende Generale sind? Das dürfte zu spät sein.

Der Krieg 1870/71 steht demjenigen, der zunächst geführt werden
wird, in allen Beziehungen am nächsten. Die deutschen Offiziere aller
Grade würden sich eines großen Vortheils begeben, wenn sie aus ihm
nicht auch für die höhere Führung lernen wollten. Das kann nur auf
dem Wege der Kritik geschehen, und dazu reicht auch das vorhandene
geschichtliche Material in den meisten Fällen aus. Der Versuch, die
höhere Führung einer kritischen Prüfung zu unterwerfen, kann also an
sich nur gebilligt werden."

Die Kritik und die Manneszucht.

Der Kritiker in Nummer 20 führt dann weiter aus:

„Sachliche Kritik braucht überhaupt nicht zu verletzen, sie darf es
am wenigsten innerhalb der Armee. Das gilt für den persönlichen
Verkehr wie für die schriftliche Aeußerung. Wenn Kritik unseren
höheren Führern gegenüber in der Form nicht Maß hält, so liegt darin
eine Gefahr für den guten Ton und außerdem für die Disziplin.
Die Disziplin verträgt es sehr gut, wenn in kriegsgeschichtlichen Be=
trachtungen Kritik an den Führern geübt wird. Wenn aber der
Offizier daran gewöhnt wird, eine ganze Anzahl der bisherigen
Führer schlechthin als unbegreifliche Thoren zu betrachten,
so verträgt das die Disziplin nicht. Von solcher Auffassung aus
führt eine nur ganz kurze Reihe von Schlüssen zu dem Standpunkt,
daß man in jedem einzelnen Falle in Zukunft fragen soll: ist es über=
haupt vernünftig, zu gehorchen?

Schärfer noch, wie der Form, in der Hoenig Kritik übt, muß man sich der Grundlage gegenüberstellen, auf der er diese Kritik aufbaut. Es ist fast durchweg die Kritik der grauen Theorie, d. h. die Kritik, die für die Beurtheilung eines Feldherrn nur Zirkel und Karte zur Hand nimmt und nicht mit den tausend Schwierigkeiten rechnet, unter denen der Führer im Felde seine Entschlüsse faßt und ausführt. Dieser Kritik zum Trotz besteht die ‚Friktion des Krieges‘. Man schämt sich fast, ihr den allbekannten Satz entgegenstellen zu müssen, daß auch die größten Feldherren Fehler gemacht haben, die unbegreiflich erscheinen, wenn man ihre Befehle nur an einer Karte mit richtiger Truppeneinzeichnung prüft."

Hierzu hätte ich zunächst zu bemerken, daß die Truppeneinzeichnung im Generalstabswerke eben unrichtig und erst von mir textlich richtig gestellt worden ist.

Man sollte nun sagen, daß Derjenige, welcher solche Lehren zu ertheilen weiß, sich an eine sachliche Kritik halten würde. Statt dessen bringt der Kritiker thatsächlich nichts als „Seifenblasen" vor, welche dann die Unterlage zu Angriffen auf meine Empfindungen bilden. Das muß ich ein für alle Mal abweisen. Meine Empfindungen möchte ich mit keinen eines Anderen vertauschen.

Der Kritiker in Nummer 20 macht mir also den Vorwurf, die von mir befolgte Kritik „vertrage die Disziplin nicht, weil der Offizier daran gewöhnt werde, eine ganze Anzahl der bisherigen Führer schlechthin für unbegreifliche Thoren zu betrachten. Von solcher Auffassung führe eine ganz kurze Reihe von Schlüssen dahin, im einzelnen Falle sich zu fragen: ist es überhaupt vernünftig, zu gehorchen?" Ich erlaube mir, darauf aufmerksam zu machen, daß hier Beruf und Aufgabe der zurückschauenden Geschichtsschreibung, die nicht unter „Disziplinar"-gesetzen stehen, und der handelnden (vorschauenden) Persönlichkeit verwechselt werden, welche darunter stehen müssen. Der Soldat hat sich bei Empfang eines Befehles nicht zu fragen, „ist es überhaupt vernünftig, zu gehorchen," — dem Geschichtsschreiber kann man nichts befehlen, item braucht er niemals zu gehorchen — sondern, wie erfülle ich den Befehl am vernünftigsten? Darüber kann im Prinzip niemals eine Meinungsverschiedenheit bestehen. Der Geschichtsschreiber, welcher aus weitfortgeschrittener Zeit auf Handlungen der Vergangenheit zurück-

schaut, hat sich zu fragen, waren die Befehle, nach allen Seiten betrachtet, vernünftig erlassen und wurden sie vernünftig ausgeführt?
Kommt er zu dem Schluß, daß thöricht gehandelt wurde, so ist es
seine Pflicht, dies auszusprechen; es erwächst ihm aber zugleich die
andere, seine Meinung zu beweisen. Niemals hat die preußische Kriegs-
geschichtsschreibung einen anderen Standpunkt gekannt und sie darf
einen solchen nicht kennen, wobei der Geschichtsschreiber sich nicht daran
zu kehren hat, ob ein höherer oder niederer Führer abfällig oder
anerkennend beurtheilt werden mußte. Wollte man den Standpunkt
des Kritikers in Nummer 12 gelten lassen, so müßte man doch zu der
Schlußfolgerung gelangen, daß auch jede historische Kritik eines niederen Führers die Disziplin gefährde, sobald eine thörichte Handlungs-
weise festgestellt werden mußte. Wo soll nun eigentlich die Grenze bei
einer Hierarchie liegen, in welcher doch Einer dem Anderen an Rang
stets untergeordnet ist? Wir gelangten in Verfolgung der Ansicht dahin, daß nur der höhere den niederen historisch beurtheilen dürfte, ich
sage wohlgemerkt historisch! Denn in der Handlung giebt es keine
Kritik. Was aber die historische Kritik, sowie ihre Form betrifft, so
sind Kritiker meine Vorbilder, welche bisher hochgehalten wurden.
Ich nenne Friedrich d. Gr., welcher schrieb: „Ein Maulesel, der zwanzig
Feldzüge unter dem Prinzen Eugen mitgemacht, bleibt darum doch
immer ein Maulesel." Ich verweise ferner auf Höpfners und Lettow-
Vorbecks kritische Geschichtsschreibung des Jahres 1806, auf Clausewitz'
„Nachrichten über Preußens große Katastrophe". Als Höpfner sein
Werk veröffentlichte, waren die Ereignisse historisch nicht viel älter,
als meine Ausführungen hinsichtlich der Zeit von 1870. Also auch in
Bezug auf den Zeitpunkt der historischen Reife läßt sich schwer eine
Grenze ziehen. Und nun bitte ich die Form bei Höpfner und Lettow
mit der meinigen zu vergleichen; besonders bei letzterem die Urtheile
über Friedrich Wilhelm III. und andere Führer nachzulesen. Mit durch
derartige Kritiken sind wir groß geworden. Haben diese nun keine Führer
wie Thoren beurtheilt, haben sie die Disziplin gefährdet? Hat es jemals
eine Armee gegeben, welche höher gestanden als die preußische, welche
diese Schule befolgt, in den Jahren 1864—1871? In Bezug auf den
Gehorsam will ich ein Beispiel vom 18. August 1870 anführen. Der
General v. Steinmetz hatte dem General v. Goeben den Befehl gesandt,
die 32. Infanteriebrigade einzusetzen. Als Goeben den Befehl erhielt,

war er, vom langen Sitzen im Sattel ermüdet, abgestiegen, und wie es
so seine Gewohnheit war, schlenkerte er, die Hände auf dem Rücken, auf
der großen Straße von Gravelotte auf und ab. Der General v. Strin=
metz bemerkte, daß Goeben seinen Befehl nicht befolgte und ritt an ·
Goeben heran. „Haben Eure Excellenz meinen Befehl nicht erhalten?"
redete Steinmetz Goeben an. Goeben antwortete: „Ich habe ihn erhalten."
Darauf Steinmetz: „Werden Eure Excellenz ihn nun ausführen oder nicht?"
Goeben antwortete: „Excellenz, ich überlege eben, ob ich meine letzte
Brigade jetzt aus der Hand geben darf und vor allen Dingen in dieser
Richtung." Darauf fuhr der General v. Steinmetz fort: „Excellenz, ich
befehle es Ihnen" und nunmehr ertheilte Goeben, wenngleich mit Wider=
streben, Befehl zum Antreten. Wenn die Befehlsbereiche nicht scharf abge=
grenzt sind, so kann ein Führer, und Goeben war doch gewiß ein guter
Soldat, in die Lage kommen, sich zu fragen, muß ich gehorchen, und falls die
taktische Lage eine verschiedene Beurtheilung zuläßt, kann er sich fragen,
ist es vernünftig, zu gehorchen. Es erwächst ihm sogar, falls er den
erhaltenen Befehl für unzweckmäßig hält, die Pflicht, in Lagen, über
die, wie das Beispiel lehrt, sehr hohe Führer verschiedener Ansicht sein
können, seine Bedenken geltend zu machen. Besteht dann der Befehls=
ertheiler auf seinem Willen, so wird jeder Führer selbststrebend gehorchen,
der erstere trägt dann aber auch die Verantwortung. Ohne solchen
Vernunftgehorsam ist eine Taktik nicht lebensfähig, denn ein Unterführer
kann von seinem Standpunkt aus eine ganz andere Auffassung ge=
winnen, als ein höherer Führer auf einem anderen Standpunkte. Darum
hat man eben Führer für verschiedene Standpunkte, Befehlsbereiche
und für die Zergliederung (und Steigerung) der Gesammtaufgabe in
Etappen auf dem Wege zum gemeinsamen Ziele. Oberst v. Lettow
sagt, Band II, S. 49/50, hinsichtlich der Kapitulation von Erfurt:
„Von Männern in dieser hohen Stellung (wie die Generale v. Alt=
Larisch und v. Grawert, R.) muß verlangt werden, daß sie selbst=
ständig über die Grenze entscheiden, bis zu welcher die militärische
Unterordnung reicht und von welcher ab die höhere Pflicht gegen
König und Vaterland beginnt. Außerordentliche Verhältnisse recht=
fertigen ungewöhnliche Mittel, und würden sich diese Männer ein
Verdienst um das Vaterland erworben haben, wenn sie sich dem
landesverrätherischen Ansinnen widersetzt und schlimmsten Falles den
Rangältesten arretirt hätten." (Den Prinzen von Oranien, R.)

Ich habe aus guten Gründen es in meinem Werke unterlassen, die „Friktionen" chronologisch anzuführen, daß ich aber von sehr vielen Dingen Kenntniß habe, welche sammt und sonders in den Bereich der „Friktionen im Kriege" gehören, das sollte doch ein militärischer Leser herausfühlen. Wenn ein Tischler ein Möbelstück abliefert, so pflegt er dem Abnehmer nicht sein Handwerkszeug sammt den angehäuften Hobelspänen seiner Werkstatt zu übergeben, sondern das fertige Objekt. So habe ich es vom großen Droysen gelernt, so bin ich verfahren.

Das Hauptquartier und die „Friktionen".

Ein ernster Mann muß jede Behauptung beweisen können. Für alle seine Behauptungen ist indessen mein Kritiker in Nummer 20 den Beweis vollständig schuldig geblieben. Er bemängelt meine Ausführungen über das Fehlerhafte der Rückkehr des Hauptquartiers nach Pont à Mousson, giebt aber selbst das Fehlerhafte zu. Er benutzt meine Motivirung dieser Ansicht zu einem Angriff gegen mich, als ob ich sowohl gegen König Wilhelm I. als gegen Moltke eine „schwere Anklage wegen Vernachlässigung der Pflicht" aus „Bequemlichkeit", unter Außerachtlassung der diesen Großen schuldigen „Pietät", erhoben hätte. Denn es heißt in Nummer 20: „Das Hauptquartier war nicht bloß der Mittelpunkt für die Oberkommandos der 1. und 2. Armee, sondern auch für diejenigen Theile dieser Armeen, die noch im Anmarsch waren, und außerdem für die 3. Armee. War es nun richtig, hierauf angesichts der bevorstehenden Entscheidung vorübergehend keine Rücksicht zu nehmen und persönlich am Feinde zu bleiben, oder war es geboten, nach dem großen Apparat, in dem alle Fäden zusammenliefen, zurückzukehren? Durfte man nicht darauf rechnen, daß wichtige Meldungen über den gegenüberstehenden Feind die Feldherren auch noch in Pont à Mousson rechtzeitig erreichen würden, da die telegraphische Verbindung von dort nach Gorze angeordnet und am Mittag des 17. August auch fertiggestellt war? Und hielt nicht der General von Moltke die Lage am 17. August um 2 Uhr für soweit abgeschlossen, daß er im Laufe des Tages das Erkennen einer bestimmten Verschiebung nach der einen oder anderen Seite hin als unwahrscheinlich annahm? Wenigstens

diefe Fragen hätte Hoenig erörtern müffen. Er würde am Ende auch
dann zu dem Schluffe gekommen fein, daß die Rückkehr nach Pont à
Mouffon nicht zweckmäßig war, es würde fich ihm dann aber auch die
Erkenntniß aufgebrängt haben, daß das Handeln im Kriege nicht fo
einfach ift, wie es fcheint, wenn man nachträglich Alles genau weiß.
Er würde vor Allem vermieden haben, unbegründet eine fchwere Anklage gegen König Wilhelm zu erheben, gegen den uns fchon die Pietät
die Verpflichtung auferlegt, peinlichfte Sorgfalt bei unferer Kritik walten
zu laffen, und er würde ebenfowenig diefe Anklage gegen den General
von Moltke erhoben haben, der gewohnt war, feine Pflichten auf das
Genauefte gegeneinander abzuwägen."

Hat denn der Kritiker nicht gefühlt, daß, falls er meine Anficht
über die Rückkehr des Hauptquartiers nicht gelten laffen wollte, er dann
mich berichtigen, die Berichtigung aber begründen mußte! Das gefchieht
nicht. Es würde mich hier zu weit führen, auf den Platz des Hauptquartiers während der Operationen, vor der taktifchen Entfcheidung und
während derfelben näher einzugehen. Es gefchieht anderswo, fo Gott
will, in einer Weife, welche fachlich nichts zu wünfchen übrig laffen foll
und dann werden wir uns wieder fprechen. Ich will heute nur bemerken, daß es richtig war, „angefichts der bevorftehenden Entfcheidung"
nicht auf die 3. Armee zu rückfichtigen. Denn felbft, wenn man erft am
19. oder gar am 20. Auguft zum Schlagen gekommen wäre, fo hätte
man wohl das 4. Armeekorps, der 2. Armee angehörig, zeitig heranziehen
können, keineswegs die 3. Armee. Uebrigens verzichtete man bekanntlich
auf die Heranziehung des 4. Armeekorps am 18. Armeen erhalten Direktiven, damit das Hauptquartier vieler Einzelbefehle überhoben werde.
Direktiven gelten darum operativ für allgemeine Ziele und längere
Zeiten, Befehle für eine beftimmte Zeit und beftimmte Lage. Erftere
find der ftrategifche Boden für den taktifchen. Auf diefe Weife fichern
fich beide Inftanzen die erwünfchte Freiheit und vermindern die Arbeit,
und das Hauptquartier kann feine Aufmerkfamkeit auf das zunächft
Wichtigfte richten, in der beruhigten Ueberzeugung, daß die nicht in
feinem unmittelbaren Bereiche (taktifchen) befindlichen Armeen nach der
allgemeinen Kriegslage verfahren. Das nennt man ftrategifche
Arbeitstheilung, ohne welche die heutige Kriegführung gar nicht mehr
auskommen kann. Nach der allgemeinen und damals dem Hauptquartier bekannten Kriegslage bewegte fich die 3. Armee in der Aus-

führung einer operativen Sonderaufgabe, welche damals ein Eingreifen des Hauptquartiers überhaupt nicht wahrscheinlich machen konnte. Das Hauptquartier war daher nicht durch irgend welche Rücksichten auf die 3. Armee gebunden und in Anspruch genommen; das ließ sich in jener Zeit übersehen, thatsächlich hat sich zwischen Hauptquartier und Ober= kommando der 3. Armee auch nichts von Bedeutung ereignet. Aber selbst zugestanden, das Hauptquartier hätte sich durch Rücksichten auch auf die 3. Armee gebunden erachtet, so muß die Frage unbedingt ver= neint werden, daß aus diesem Grunde die Rückkehr zum „großen Befehlsapparat" nach Pont à Mousson nöthig gewesen wäre. Abge= sehen davon, daß die Lehren dieser Tage uns wohl zu einer Reduzirung des „Befehlsapparates" zwingen werden, so würde man es doch für baaren Unsinn erklären, falls der Kanonier seine Kanone, wenn sie wirken soll, aus dem Feuerbereiche an die Munitionskolonne zurück= führen wollte, um sich mit Munition zu versehen, denn in der Zwischen= zeit liegt die Gefahr vor, daß der Feind dies ausnutzen könnte. Genau so steht es mit dem Hauptquartier, ja für dasselbe ist wegen des „großen Befehlsapparates", wegen seiner großen Verantwortung, wegen des Umstandes, daß es gegen Armeen schießen läßt, das Verbleiben am Feinde, wenn es wirken — den Feind angreifen — will, ein un= abweisliches Gebot. Das deutsche Hauptquartier war darauf nicht zugeschnitten; es verfügte nicht über die ähnlichen bekannten Einrich= tungen Napoleons I., es verharrte in — sagen wir — einer Gewohn= heit, welche sich bereits 1866 als übel und hinderlich erwiesen hatte. Ich habe von meinem Kritiker keine Gerechtigkeit zu erwarten, allein unserem großen Meister Moltke sie widerfahren zu lassen, wird er wohl nicht umhin können. Dieser sagt Seite 425 der gesammelten Schriften, Band III: „Auch der König verblieb in einer Ortschaft auf dem Schlacht= felde, nur meine beiden Offiziere und ich mußten noch über fünf Meilen nach Gitschin fahren, wo die Bureaus sich befanden. . . . Erst um Mitternacht erreichten wir das Quartier. Zu essen gab es dort um diese Stunde auch nichts; aber ich war auch so erschöpft, daß ich mich, wie ich war, im Ueberrock und Schärpe auf mein Lager warf und sofort einschlief. Am folgenden Morgen mußten indessen neue Befehle aufgesetzt und Sr. Majestät in Horitz unterbreitet werden." Die übeln Folgen des Zurücklassens des großen „Befehlsapparates" hatten sich in derartigen Lagen also nach den eigenen Worten desselben General=

ftabschefs bereits 1866 sehr fühlbar gemacht. Der Generalstabschef mußte sich in einem Zeitpunkt, da seine Anwesenheit eigentlich erst recht beim Oberfeldherrn nothwendig gewesen wäre, von diesem und seinem Stabe trennen, fünf Meilen zurück und fünf Meilen wieder vor machen, sich also für 24 Stunden körperlich vollständig verbrauchen, denn zehn Meilen an einem Tage ist eine ganz anständige Leistung. Als er dann in Horiß ankam, war er arbeitsunfähig, denn der Schlaf übermannte ihn, und daher wurden erst am anderen Tage fünf Meilen hinter der Armee neue Befehle aufgesetzt, um sie dem Könige in Horiß zu unterbreiten. Man wird doch zugeben müssen, daß das kein empfehlenswerthes Verfahren ist, aber auch nicht leugnen wollen, daß, wenn Moltke bereits 1866 die Schattenseiten dieses Zustandes viel mehr an sich selbst empfunden hatte, als er es hier in seiner bekannten Zurückhaltung zu verstehen giebt, Moltke selbst mit einer Wiederholung desselben Verfahrens vier Jahre später gewiß nicht gedient sein konnte. Setzt man an Stelle von König Wilhelm und Moltke A und B, so wird ein Jeder sich fragen, wie konnte das vier Jahre später in verstärkterem Maße eintreten? Aber weil nun mal uns liebgewordene Helden mit dem Namen genannt werden, soll das eine ungerechte Kritik sein, eine Verletzung der schuldigen Pietät, noch dazu, während die Ereignisse der Geschichte angehören und der belehrenden Kritik offen stehen? Man muß sich vor dem Geiste halten, daß am 16. August 1870 kein vollständiger Sieg erfochten war, daß die endgültige Waffenentscheidung sich noch in der Schwebe befand, mithin würde am 17. die Anwesenheit des „großen Befehlsapparates" da, wo man am 16. geschlagen hatte, eo ipso geboten gewesen sein. Vom Feinde wußte man einen Theil unmittelbar in der Nähe, über den Verbleib des „anderen" war man um 2 Uhr nicht in Gewißheit. War er in der Nähe, so konnte mit dem Operationsbefehl jeder Eventualität begegnet werden, war der andere (Haupttheil, nach der damaligen Auffassung) aber flott marschirt, so konnte der ganze Operationsbefehl vollständig hinfällig werden, besonders, weil logischer Weise man diesseits damit rechnen mußte, daß der Feind am 18. den Marsch zu früher Stunde fortsetzen würde. Nun waren aber Colombey (14.) und Vionville (16.) nichts als die taktischen Vorstufen zur Hauptstufe (18.) einer strategischen Operation, und Moltke war gewiß ein Generalstabschef, der die Empirik nicht unbeachtet ließ; wenn sich nun unter zwingenderen Verhältnissen vier Jahre später dasselbe wiederholte, so muß man doch nach Motiven suchen. Ich will bereitwillig zugeben, daß meine Motivirung der Thatsache zu Mißdeutungen führen konnte, und in Folge eines mir zugeflossenen reichen Materials sehe auch ich heute die Dinge klarer, als beim Erscheinen der „24 Stunden", allein in Moltke können die Motive nicht gelegen haben; das würde gegen seine Natur streiten. Welches waren denn nun wohl die Motive? Mein Kritiker möge darauf eine befriedigende Antwort ertheilen. Es wurde und wird hierüber nichts geschrieben, um die schuldige Pietät gegen irgend Jemand zu verletzen, sondern damit wir zu klaren Anschauungen und zweckmäßigen Einrich= tungen für die Zukunft gelangen. Welchen Beruf könnte sonst doch wohl die historisch=operative Methode haben? Warum aber gegen mich einen Vorwurf erheben, den mein Kritiker in Nummer 20 des „Militär= Wochenblattes" doch gewiß mit Entrüstung von sich selber zurückweisen würde? Oder darf ohne Weiteres irgend Jemand beanspruchen, ein wärmeres Herz für unsere Männer aus großer Zeit zu haben, als ich? Sagt nicht der große Brite:

> „Doch, wer den guten Namen mir entwendet,
> Der raubt mir das, was ihn nicht reicher macht,
> Mich aber bettelarm."

Zweifellos, der „große Befehlsapparat" mußte am 17. früh Pont à Mousson verlassen und mit dem Hauptquartier am Punkte der Handlung bleiben. Mein Kritiker sieht übrigens in seinem Bestreben, mein Buch zu tadeln, den Wald vor lauter Bäumen nicht: Er sagt selber, daß die telegraphische Verbindung von Pont à Mousson nach Gorze am „Mittag" des 17. August fertiggestellt gewesen sei. Spricht das nun mehr für meine Behauptung oder mehr für die meines Kritikers?! Denn unter diesen Umständen hätten etwaige Berichte der 3. Armee sofort von Pont à Mousson weitertelegraphirt werden, und ebenso vom Punkte der Handlung aus Weisungen an die 3. Armee abgehen können. Allein, sieht man vollständig von der telegraphischen Verbindung ab, so würden ein Dutzend, zum Zwecke der Aufrechterhaltung der Ver= bindung mit der 3. Armee in Pont à Mousson zurückgelassene Melde= reiter genügt haben, eine ausreichende Verbindung zu sichern. So eilig konnte man es unter den obwaltenden Umständen mit einem opera= tiven Eingreifen nicht haben, daß der geringe Zeitverlust bei der Ver=

mittelung zwischen Hauptquartier und 3. Armee überhaupt von Belang hätte sein können. Ich habe in den „24 Stunden" deutlich unter= schieden zwischen dem rechtzeitigen Eintreffen von Meldungen (von Seite der 1. und 2. Armee) in Pont à Mousson und dem Zeitverlust, welchen der „große Befehlsapparat" durch das Reiten oder Fahren von Pont à Mousson bis an den Punkt der Handlung erzeugen mußte. Man kann schnell mit dem Telegraphen melden oder anordnen, aber man ist für das Herankommen des „Befehlsapparates" auf vier Beine ange= wiesen. Das sind doch ganz andere Dinge mit vollständig verschiedenen inneren Bedingungen und Gesichtspunkten. Allein die Ereignisse lehren, daß unter derartigen Verhältnissen der wünschenswerthe Meinungs= austausch zwischen dem Hauptquartier und den Oberkommandos der beiden Armeen nicht mit der erforderlichen Schnelligkeit Platz griff. Der General v. Steinmetz z. B. hielt am Nachmittage des 17. August — nach 4 Uhr in Ars für M. — einen Bericht an das Hauptquartier einzu= senden für nothwendig, das Hauptquartier empfing denselben erst in der Nacht, weil Ars und Pont à Mousson drei Meilen auseinander= liegen. Man wird doch zugeben, daß das keine vorbildlichen Verhält= nisse am Vorabend einer weltgeschichtlichen Schlachtentscheidung genannt werden können. Am 17. August von Morgens 6 Uhr bis Nachmittags 2 Uhr waren Hauptquartier und beide Oberkommandos nur einige Kilometer von einander gewesen; man hatte in allen drei Instanzen die französische Vorpostenlinie in der Frühe erkannt und deren Bewegungen wahrgenommen, deren Zwecke und Richtungen nicht genügend ersicht= lich wurden. Wenn ein mündlicher Verkehr im Kriege unter den ent= scheidenden Instanzen überhaupt erzielbar ist, so verdient derselbe stets den Vorzug vor dem schriftlichen. Und da muß man doch die Frage aufwerfen, weshalb trat ein mündliches Verfahren zwischen den drei Instanzen nur indirekt (durch Entsendungen von Generalstabsoffizieren) ein, weshalb wurden die Oberbefehlshaber, da sie sich nicht persönlich einfanden, nicht zur persönlichen Aussprache zum Könige befohlen, bevor man angesichts der geladenen Kanonen auseinanderging? Dies ist doch nach unseren herrschenden Anschauungen das einfachste, natürlichste, kürzeste und beste Verfahren. Gründe sind nirgends angegeben, Moltke selbst übergeht die Dinge mit augenscheinlicher Zurückhaltung. Damit kann sich aber die kritische Geschichtsschreibung unmöglich zufrieden geben, man muß also überlegen, worin die Ursachen der merkwürdigen Er=

scheinungen bestanden haben können. Und da dürften allerdings die „Friktionen des Krieges" zur Sprache kommen. Es ist nun eigentlich selbstredend, daß man sich über solche Erscheinungen nur dann näher ausspricht, wenn man es nicht umgehen kann. Ich glaubte in der „Einleitung" und auch an anderen Stellen der „24 Stunden" die Ur= sachen genügend angedeutet zu haben, ich wollte jedenfalls die Personal= frage, welche die Hauptquelle der „Friktionen" bildete, nicht näher er= örtern; ich verzichtete absichtlich darauf Dinge zu schildern, welche sich für Urtheilsfähige von selbst verstanden. Es liegt auch hier nicht in meiner Aufgabe, die Stimmung in den einzelnen hohen Gruppen zu skizziren, das wird einer späteren Memoiren=Geschichtsschreibung überlassen bleiben müssen, denn meines Wissens enthalten darüber die Archive ganz Un= zureichendes. Das, was man heute darüber anführen könnte, wäre lediglich der Umstand der herrschenden Gereiztheit zwischen den drei Hauptgruppen. Das Verhältniß des Generals v. Steinmetz zum Prinzen Friedrich Karl war derart, daß es räthlich erschienen sein mag, ihr persönliches Zusammentreffen zu vermeiden. Das Verhältniß zwischen Moltke und Steinmetz einerseits und zwischen Moltke und Friedrich Karl andererseits dürfte sich davon nicht wesentlich unterschieden haben. Nun kann man sagen, im Dienst hören alle persönlichen Sym= oder Antipathien auf; das hat auch seine volle Berechtigung, allein, wenn man sich in die Lage des Hauptquartiers versetzt, in die sich zu= spitzende Entscheidung, dann erscheint es vertheidigungswerth, einem immerhin möglichen, mindestens für die Umgebung peinlichen Augenblick solange auszuweichen, wie es sich umgehen ließ, falls darunter die großen Interessen nicht beeinträchtigt wurden. Der Vorfall von Corny kam doch noch zeitig genug. Man konnte sich auch im Hauptquartier sagen, die persönlichen Friktionen werden sehr schnell — angesichts der Lage — ihre Erledigung finden, und man konnte dann zu dem Ent= schluß gelangen, den mündlichen Verkehr nicht eintreten zu lassen.

Ueber diese Frage bemerkt General v. Scherff:

„Wenn trotzdem Reibungen am 18. nicht ausgeblieben sind, so lag das, wie Hoenig auch nachweist, an der Durchführung, nicht an dem Befehl selbst (Operationsbefehl, R.); eine Thatsache, die vielleicht hätte vermieden werden können, wenn das Oberkommando (Hauptquartier, R.) sich mit den beiden Armeeführern persönlich ins Einvernehmen gesetzt hätte. Das wird nicht immer gehen, hier aber wäre es wohl am 17. Mittags ein Leichtes gewesen, und wo mündliche Aussprache angängig, sollte man sie nicht unterlassen".

Die Frage des Eingreifens des Hauptquartiers in unter= stehende Befehlsbereiche.

Man kann sonach zu der Anschauung kommen, daß, wenngleich unter den obwaltenden militärischen Verhältnissen es nicht richtig war, den mündlichen Weg zu vermeiden, die „Friktionen" es doch als räthlich erscheinen ließen. Wollte man sich damit historisch zufrieden geben, so hat die fachmännisch=militärische Kritik weitgehendere Rechte und Pflichten. Denn ihr Beruf ist es, zu untersuchen, wie sich die Verhält= nisse voraussichtlich gestaltet haben würden, wenn die „Friktionen" nicht bestanden hätten, wie in ähnlichen Lagen in Zukunft verfahren werden muß, und dafür bietet keine sich zur Entscheidung zuspitzende Zeit so viel lehrreichen Stoff, wie diese. Nach dem Eindruck, welchen General v. Steinmetz bis Nachmittag am 17. August gewonnen, und welcher die Unterlage zu seinem angeführten Bericht aus Ars an Moltke wurde, konnte man in die Lage kommen, am 18., vielleicht erst am 19. eine künstlich verstärkte Stellung angreifen zu müssen; aber man konnte auch dazu gezwungen werden, einen bei Metz verbliebenen feindlichen Armee= theil mit einem diesseitigen sammt der Festung einzuschließen, und drittens, einen etwa marschirenden weiter zu verfolgen. In einer Lage mit so verschiedenen Eventualitäten kommt es für die Befehlsgabe hauptsächlich auf möglichst kurze Wege und Zeiterſparniß an; für die weiteren Ent= schlüsse: auf Feststellung dessen, was ungewiß war. Beiden Zielen würde in solchen Lagen am sichersten entsprochen werden, wenn Haupt= quartier und Oberkommandos am Feinde bleiben, und wenn die höchsten Instanzen sich zum persönlichen Meinungsaustausch zusammenfinden. Ein solcher war aber mit einem Manne, wie Steinmetz, nicht leicht, unter den bestehenden „Friktionen" vielleicht aussichts= und ergebnißlos. In dem konkreten Falle hätte Steinmetz aber z. B. das, was er später berichtete, mündlich schneller und auch eingehender zur Sprache bringen können. Wäre eine persönliche Aussprache eingetreten, so würde auch sicher von irgend einer Seite die Frage angeregt worden sein, was thun wir, um das Ungewisse möglichst frühzeitig aufzuklären? Man wäre dann zweifellos auf den Gedanken gekommen, zeitig Mittel anzuwenden, durch welche den obigen drei Eventualitäten Rechnung getragen werden

2*

konnte. Man kann sagen, es lag von selbst in der Situation, daß die Armeekommandos ihre Kavallerie, besonders die 2. Armee, unauf=hörlich im Sinne der Aufklärung benutzen würden. Denn jeder Fähnrich weiß, daß „eine einmal gewonnene Fühlung mit dem Feinde nicht mehr verloren gehen darf". Theoretisch ist das vollständig richtig, allein die „Friktionen" des Krieges bringen es von selbst mit sich, daß die höhere Instanz gewissermaßen korrigirend eingreift, nur gilt als Vorbedingung, daß sie über Geschehnisse und Unter=lassungen auf dem Laufenden steht. War das hier der Fall? Es giebt dafür kein vollgültiges Zeugniß, allein die Thatsachen berechtigen zu der Annahme, daß es nicht so war. Bei persönlichem Gedankenaus=tausch während der Ereignisse — nicht als Ergebniß einer post bellum geübten Kritik — würde es dem Hauptquartier gewiß aufgefallen sein, daß mit Ausnahme der königlich sächsischen und eines Theils der Gardekavalleriedivision, die gesammte Kavallerie sich nicht nur hinter der Front befand, sondern den Armeekorps (3. und 10.) unterstand, während sie direkt unter dem Oberkommando hätte stehen sollen. Nimmt man hierzu die bis 2 Uhr Nachmittags eingelaufenen Meldungen der allein richtig verwendeten sächsischen Kavalleriedivision, welche durch ihre Negativität von außerordentlicher Tragweite waren, indem dadurch festgestellt war, daß ein feindlicher Marsch auf der Straße Conflans bei Parfonbrupt nicht beobachtet worden, so konnte man in diesem Falle freilich lediglich mit Zirkel und Karte berechnen, daß ein Abmarsch über Conflans bis dahin nicht stattgefunden hatte, auch am 17. nicht mehr zu erwarten war. Die Negativität dieser Meldungen war geradezu eine fundamentale und durch sie allein die Richtung für die übrige Kavallerie gegeben. Wären nun die drei In=stanzen am Punkte der Handlung und dort im persönlichen mündlichen Verkehr geblieben, so ist 100 gegen 1 zu wetten, daß der General=stabschef die 5. und 6. Kavalleriedivision den Armeekorps genommen und auf ihren richtigen Platz direkt unter das Oberkommando der 2. Armee gewiesen haben würde. Hätte das letztere die Erschöpfung beider Kavalleriedivisionen geltend gemacht, so konnten mühelos die für die Aufklärung erforderlichen Kavallerieregimenter aus der zahlreichen anwesenden Divisionskavallerie provisorisch zusammengestellt werden. Wären Armeeführer immer vollkommen, so würden sie derartige Maß=nahmen auf eigene Verantwortung hin angeordnet haben, aber es giebt eben nichts Vollkommenes auf der Welt, und die Erkenntniß davon ist die Ursache der Hierarchien auf allen Gebieten. Diese sind nicht wegen der mechanischen Rangordnung da, sondern um auf Grund der Rangordnung — und Befugnisse — wenn es sich als nothwendig herausstellt, berichtigend und nachhelfend nach unten einzugreifen. Also auch operativ und taktisch betrachtet, hätten alle drei Instanzen am 17. am Punkte der Handlung verharren müssen, denn derartige Korrekturen in einer sich zuspitzenden Situation können am sichersten und schnellsten nur an Ort und Stelle veranlaßt werden. Man kann hiergegen nicht anführen, das sei nicht Aufgabe eines Generalstabschefs; Einer muß doch befugt sein, Remebur eintreten zu lassen, wenn es ihm wichtig erscheint. Tritt das nicht ein, dann erst ergeben sich auch solche Ausfälle, wie am 17. und 18. August.

Dies ist ein taktisch-operatives Räsonnement, es wird sich nun darum handeln, ob man als Kritiker historisch in der Lage ist, es durch Unterlagen zu begründen. Da muß ich wieder Niemand anders als Moltke selbst zum Schiedsrichter anrufen; und nicht zum Wenigsten, weil sich dann auch ergiebt, daß Moltke auch hier die Empirik für sich hatte. Eine ähnliche ungewisse Lage, wie am 17. und 18. August 1870, hatte für das Hauptquartier bis zum 30. Juni 1866 und nach demselben bestanden. Darüber sagt Moltke (Bd. III, S. 418 der gesammelten Schriften): „Merkwürdig ist, daß auf preußischer Seite weder das Vorgehen des feindlichen Heeres nach Dubeneß (bis zum 30. Juni, R.), noch sein Rückzug nach Lipa erkannt worden ist. Der 2. Armee blieben diese Bewegungen durch die Elbe verschleiert, und bei der 1. war die Masse der Kavallerie in ein unbehülfliches Korps von mehr als 8000 Pferden zusammengehalten. Die den Infanteriedivisionen verbliebenen je vier Schwadronen vermochten natürlich nicht, ‚dieselbe‘ Aufklärung zu gewähren, wie später, 1870, die Kavallerie bei zweckmäßigerer Formation." Es liegt hierin natürlich zunächst ein Tadel ad generalia, in seiner schonenden Form schließt Moltke aber daran sogleich eine erklärende Entschuldigung. Auf diese Weise ward er in bescheidenen Grenzen der Geschichte gerecht und er erschloß außerdem für ähnliche Lagen der Kriegführung bessere Wege. Ich sage nicht alle Wege, denn mit der neuen Formation war es nicht gethan, die neue Formation muß „voraus sein", am Feinde, unter allen Umständen und Verhältnissen, ideal ausgeführt.

Man wird selbst für 1866 die Entschuldigung nicht einmal voll gelten lassen dürfen, denn die „Schwerfälligkeit" der 8000 Pferde konnte wohl hindernd und störend wirken, dagegen brauchte sie nicht einen vollständigen Ausfall in einer Aufgabe zur Folge zu haben, welche unter allen Umständen der 1. Armee 1866 von selbst genau so zufiel, wie 1870 am 17. und 18. August der 2. Armee. Man beachte nun, daß man bis 1870 zwar die „Formation" geändert hatte, allein genau dieselben Persönlichkeiten kamen hier 1870 mit denselben Er= fahrungen und unter zweifellos leichteren Umständen in Frage, wie 1866. Was nun gar „dieselbe Aufklärung" betrifft, so hat Moltke damit gewiß nicht die Kavallerie am 17. und 18. August gemeint. Moltke hat diese Gedanken erst nach 1870 niedergeschrieben, aber die Er= fahrung fußte seit 1866 in seiner Seele. Es muß, da auch schon über das zuweite Zurückbleiben des Hauptquartiers 1866 üble Er= fahrungen gemacht waren, denn doch auffallen, daß 1870 vor den Schlachten von Gravelotte — St. Privat, dieselbe Situation für die Kavallerieverwendung sich in gesteigertem Grade wiederholte, und daß trotzdem weder für den Platz des Hauptquartiers, noch für die Kavallerieverwendung von der Instanz, welche 1866 die Schattenseiten beider Erfahrungen kennen gelernt hatte, bessere Wege gefunden und befolgt wurden. Man kann sich darüber in verschiedenen Vermuthungen ergehen, allein die Erfahrung hatte man für sich, daß das Haupt= quartier näher heran, daß die Kavallerie aufklären müsse. Wenn nun gar 1866 die Kavallerie in unzweckmäßiger Weise verwendet worden war, so hätte es nahe gelegen, am 17. und 18. August festzu= stellen, ob derselbe Armeebefehlshaber nun seine Sache besser machen würde. Stellte sich das nicht heraus, so boten die Erfahrungen von 1866 Mittel und Wege zur Remedur, das Eingreifen der höchsten Instanz wurde nothwendig.

Das hätte sich wahrscheinlich bei einem persönlichen mündlichen Verkehr ganz glatt von selbst ergeben; dafür mußten aber alle drei Hauptinstanzen am Punkte der Handlung sein und bleiben, sonst war es nicht zu machen. „Friktionen des Krieges" können in dieser Richtung aber nicht bestanden haben; es können (schlechte) Gewohn= heiten und andere Dinge dagewesen sein, das soll nicht bestritten werden. Kurz und gut, trotz der Erfahrungen von 1866 wiederholten sich vier Jahre später in verstärktem Grade nach beiden Richtungen die

Erscheinungen von 1866 mit genau denselben Persönlichkeiten, ohne
daß man von höchster Instanz so gehandelt oder so eingegriffen hätte,
wie die Erfahrungen von 1866 es klar an die Hand gaben. Erst nach
der Schlacht von Gravelotte wies Moltke die Oberkommandos der
Armeen an: „Kavallerie weit voraus". Will man also die Auffassung
vertheidigen, es sei nicht Sache des Generalstabschefs, in die Befehlsbereiche der Armeekommandos direkt einzugreifen, so hätte Moltke das
auch hier unterlassen müssen, so gut wie sein Eingreifen in der Zeit
des Grenzschutzes 1870. Das wird aber doch wohl Niemand behaupten
wollen. Die Kriegsgeschichte lehrt, daß der Tüchtigste Fehler begeht
oder den Erwartungen mal nicht entspricht. Dann ist allemal die
höhere Instanz zur Remedur verpflichtet, dafür muß sie dann aber
zunächst in der Lage (zur Stelle) sein.

Damit der lerneifrige Leser, nicht der „Kritiker" in Nummer 20
des „Militär-Wochenblattes", sich überzeuge, daß ich mich mit meinen
Ansichten in guter Gemeinschaft befinde, setze ich hierhin die ad hoc
vom General v. Scherff geäußerte Meinung. Der General sagt:
„Allerdings muß man aus jenen Unterlassungssünden der Aufklärung
folgern, wie nöthig es ist, von oberster Stelle an ihre Nothwendigkeit zu denken, sie zu verlangen, wo sie ausbleibt, und durch
eigene Anordnungen System in die Gesammtaufklärung zu
bringen! Unzweifelhaft ist das am 17. von Oben herunter nicht,
mindestens nicht ausreichend, geschehen; wäre es geschehen, so würde
man aber ebenso unzweifelhaft auch um 2 Uhr bei Flavigny besser
orientirt gewesen sein" . . .

Und an anderer Stelle: „Sache des Geschichtsforschers ist es, den
Ursachen nachzuspüren, die zu solchem Irrthum geführt hatten, und die
hier in der mangelhaften Aufklärung, namentlich vor der
Mitte der 2. Armee, klar zu Tage liegen, welche — das ist nicht
zu leugnen — wohl durch „Anordnungen" nicht aber durch „persönliche Erkundungen" von oberster Stelle hätte verbessert werden
können" . . .

Ueber den Platz des Hauptquartiers äußert der General:
„Immerhin mag man zugeben, daß, wenn bis 2 Uhr Mittags
am 17. die Lage so aufgeklärt gewesen wäre, wie sie es hätte sein
können, das große Hauptquartier voraussichtlich zur Stelle
geblieben sein würde, und angesichts der Schwierigkeiten, die

Hoenig für seine Unterbringung in den vom 16. her mit Ver=
wundeten überfüllten Dörfern findet, muß darauf hingewiesen werden,
daß es für die Zukunft sich empfehlen wird, derartige Möglichkeiten
ins Auge zu fassen (24 St., S. 15). Bekanntlich führte Napoleon I.
seine für den Dienst des großen Hauptquartiers nothwendige Zelt=
ausrüstung stets mit sich, und ähnliche Vorkehrungen werden vielleicht
auch in Zukunft unabweislich sein, um dem Hauptquartier die Mög=
lichkeit zu wahren, an jeder Stelle alsbald mit der entfalteten Karte
arbeiten zu können." ...

Und an anderer Stelle:

„Sicher ist ihm (Hoenig) Recht zu geben, daß, wo die Dinge sich
zur ‚Schlacht‘ zuspitzen, das Hauptquartier des Oberfeldherrn zur
Stelle sein muß, wenn er nicht die Schlachtleitung aus der Hand
verlieren will."

Der König, Moltke und Goeben.

Aus den im Hauptquartier zu Pont à Mousson am späten Abend
des 16. August eingelaufenen Berichten hatte man nur ersehen können,
daß das 3. und 10. Armeekorps gegen die gesammte Rheinarmee einen
schweren Kampf glücklich bestanden, denn es waren Gefangene vom 2.,
3., 4., 6. und Gardekorps gemacht worden. Ließ sich zu dieser Stunde
die taktische Tragweite des Kampfes nicht beurtheilen, so war der Ein=
druck von dem errungenen strategischen Ergebniß ein um so größerer.
Um zunächst dieses zu sichern, waren an die verschiedenen, verfügbaren
Korps sogleich Befehle ergangen, damit sie in die Kampflinie des
16. August bei Zeiten am 17. einrückten, denn, obwohl man im Haupt=
quartier zu dieser Stunde keine vollständige Vorstellung von der Ver=
fassung des 3. und 10. Armeekorps hatte, so glaubte man doch die
Gefechtskraft beider für eine Kampferneuerung am 17. nicht mehr all
zu hoch veranschlagen zu können. Die nächste Sorge des deutschen
Generalstabschefs bestand also darin, die gelichteten beiden deutschen
Korps zeitig zu verstärken; die zweite darin, zu möglichst früher Stunde
selbst am Platze der Handlung einzutreffen. Das Hauptquartier verließ
unter den Vermuthungen Pont à Mousson, der bedeutend überlegene
Feind werde entweder die Schlacht am Morgen des 17. August er=
neuern, oder den Abmarsch wieder aufnehmen. Beim Eintreffen des
Hauptquartiers, um 6 Uhr, bei Flavigny hatte sich die Lage insofern

geklärt, als sich übersehen ließ, daß der Gegner die Schlacht nicht er=
neuern würde, und sogleich nahm der vom General v. Moltke bis dahin
bereits erwogene Gedanke festere Gestalt an, die Errungenschaften des
16. August auszunutzen, sobald die im Marsche befindlichen Korps die
Linie des 3. und 10. erreichten, d. h. seinerseits am 17. die Schlacht
zu erneuern. Allerdings ließ sich um 6 Uhr übersehen, daß dies vor
12 Uhr Mittags schwerlich eintreten könnte. An diesem Gedanken der
Erneuerung der Schlacht am 17. hielt Moltke fest, bis eine gemein=
same Aussprache zwischen dem Könige, Moltke und Goeben um die
Mittagsstunde stattgehabt hatte. Beim Aufbruch des großen Haupt=
quartiers von Pont à Mousson hatte man den „Befehlsapparat" dem
Könige nicht folgen lassen, sondern denselben in Pont à Mousson
zurückgelassen. Dies mag mit der damaligen ungewissen Lage ver=
theidigt werden können, allein es will mir scheinen, daß, sobald der
Gedanke festere Gestalt annahm, am 17. die Schlacht wieder aufzu=
nehmen, der „Befehlsapparat" unverzüglich herangezogen werden mußte.
Ob das nun unter der Spannung der Lage verabsäumt wurde, oder
ob man es nicht für nothwendig hielt, bleibe dahin gestellt, wir müssen
daraus die Lehre ziehen, daß in Zukunft der „Befehlsapparat" dem
Hauptquartier folgt, wie „die Schleppe der Dame", daß beide unbe=
dingt zusammen gehören, und daß eine Trennung am wenigsten in dem
Zeitpunkt eintreten darf, da sich die Entscheidung zuspitzt. Nachdem
dann die Trennung einmal bestand, und man zu dem Entschluß gelangt
war, die Schlacht am 17. nicht zu erneuern, wäre es aber immer noch
Zeit gewesen, den „Befehlsapparat" heranzuziehen, allein man konnte
sich nun jedenfalls schneller zu ihm zurückbegeben, als ihn heran=
holen.

Es scheint, als ob Menschen, welche dazu neigen eine Darstellung
in ungünstigem Sinne auszulegen, aus meiner Darlegung über den
Einfluß des Alters herausgelesen haben, daß König Wilhem I. selbst
Rücksichten auf seine körperlichen Kräfte genommen, oder gar geltend
gemacht hätte. Für gutgeartete Gemüther und harmlos Dinge und
Menschen betrachtende Köpfe sollte gerade das Gegentheil mit meiner
Darstellung gesagt werden, was doch viel näher liegt und für Jeden
auch einleuchten dürfte, welcher sich in die Zeit, die Personen und Dinge
versetzen kann. Von König Wilhelm I. wußte die hier in Frage
kommende Umgebung, daß er „keine Zeit hatte, müde zu sein". Allein,

weil diese Umgebung das große Pflichtgefühl des Monarchen kannte, darum war auch ein Jeder von fürsorglicher Wärme erfüllt, um vom Könige nicht nothwendige Anstrengungen fern zu halten. Nicht der König hat hier eine Rücksicht oder Erleichterung gefordert, sondern die Umgebung forderte sie genau in eben dem Sinne, wie sie den Monarchen wiederholt im Feuer zu überreden versucht hatte, daß er sich nicht exponire. Es ist traurig, daß man darüber erst Worte machen muß, lag doch auf eines Jeden aus des Monarchen Umgebung Zunge stets die Besorgniß, daß der Monarch sich bereits zuviel zugemuthet hatte. Daß ich lediglich in diesem Sinne den „Einfluß des Alters" verstanden haben könne, geht nicht nur aus dem ganzen Zusammenhange meiner Darstellung der Geschehnisse hervor, sondern es muß Jedem als selbst= verständlich erscheinen, der sich vor dem Geiste hält, daß auf die bis= herigen großen Anstrengungen und Spannungen am kommenden Tage noch größere folgen würden. Wenn man das aber mit Sicherheit voraus= setzte, konnte dann mit meinen Worten etwas Anderes bezweckt sein, als das Einfachste, das Natürlichste, nämlich, daß die Umgebung von Besorgnissen erfüllt war, ob der Monarch solchen Anstrengungen ge= wachsen sein könnte, wenn keine gute Nachtruhe herbeigeführt würde. Auf eine solche auf dem Schlachtfelde war man nicht eingerichtet, da erscheint es doch nicht als etwas so Furchtbares, wenn man an der Gewohnheit festhielt.

Der General v. Scherff behauptet in der den „24 Stunden" in den „Jahrbüchern f. d. d. A. u. M." gewidmeten Besprechung, der Gedanke eines Abmarsches der Franzosen in nordwestlicher Richtung sei am 17. — bei Ausgabe des Operationsbefehls — der jede andere Auffassung beherrschende gewesen. Woraus der General die Argumente dafür herleitet, ist nicht recht ersichtlich und ich kann die Behauptung nicht unwidersprochen lassen, wenigstens muß ich dabei eine nicht un= wichtige Einschränkung machen. Moltke hat damals mehr damit gerechnet, gegen die Franzosen auf ihrer natürlichen Operationslinie zum Schlagen zu kommen, als unter Aufgabe derselben, also eher gegen Nordwesten, als gegen Osten; und indem Moltke so dachte, war es ganz logisch von ihm, noch am 17. die Schlacht des 16. erneuern zu wollen. Das war positiv Moltkes ursprüngliche Absicht, und in der That mußte es etwas Verlockendes haben, mit frischen Truppen in die Bewegungen eines Gegners hineinzustoßen, der bereits zweimal auf seinem Rückzuge zur

Schlacht gestellt worden war, und dessen Widerstandskraft am 17. nicht mehr sehr groß sein konnte. Diesen Gedanken erwägend, hatte der General v. Moltke am Vormittage bei Flavigny das Herankommen der Spitzen der deutschen Korps spannungsvoll erwartet und nachdem Rezonville (11 Uhr) vom Feinde geräumt worden, war der General v. Moltke mit einigen Generalstabsoffizieren gegen Rezonville vorgeritten, um einen besseren Ueberblick zu gewinnen. Etwa 3 Kilometer von Gravelotte entfernt, machte der General Halt, betrachtete die Dinge und kehrte mit der Meinung zurück, daß ein Angriff am 17. große Erfolge erwarten ließ. Beim Könige waren damals die Generale v. Goeben, v. Alvensleben, v. Voigts=Rhetz und v. Manstein. Als Moltke den General v. Goeben bemerkte, begab er sich zu diesem und nach einer längeren Besprechung ritten beide zum Könige. Dort wurde nun die Frage erörtert, ob man noch am 17. angreifen sollte oder nicht. Der General v. Moltke hob die in der Situation beruhenden großen Vortheile hervor, der General v. Goeben rieth von der Erneuerung der Schlacht am 17. ab, jedoch nicht, weil er mit Moltke im Prinzip differirt hätte, sondern weil nach seinem Ermessen die Truppen (am 17.) zu sehr angestrengt seien. Der General v. Moltke hatte indessen ein wesentliches Argument für einen Angriff am 17. und dies bestand darin, daß alsdann der Feind nicht zum Athemschöpfen gelangen könne, während die Möglichkeit nicht ausgeschlossen war, daß bis zum 18. eine erhebliche Verschiebung eintreten konnte oder auch eine künstliche Ver= stärkung der Stellung. Dem stand nun freilich wieder entgegen, daß das Eintreffen der deutschen Korps und ihr Aufmarsch an der Straße Gorze—Suzemont etwas mehr Zeit in Anspruch nahm, als der General v. Moltke es überschlagen haben mochte. Hierüber waren die Mittags= stunden verstrichen, und wenn man heute berücksichtigt, wie damals die Dinge beim Feinde wirklich standen (man lese Dick de Lonlay, Fah, Frossard), dann könnte man es in der That bedauern müssen, daß Moltke den Bedenken Goebens nachgab und den Angriff vom 17. auf den 18. hinausschob. Die Rolle, welche der General v. Goeben bei der Ausreifung der Entschlüsse in diesen Mittagsstunden gespielt hat, ist bisher von Niemand berührt, nicht einmal angedeutet worden. Auch ich würde den Schleier hierüber noch nicht gelüftet haben, wenn ich nicht gezwungen worden wäre, aus meiner bis dahin beobach= teten Zurückhaltung herauszutreten. Moltke und Goeben hatten sich also darüber verständigt, daß am 17. nicht geschlagen werden sollte, sondern am 18., und der König pflichtete dem bei. Das ist ein Erfolg, der in der Regel weit über den Bereich eines kommandirenden Generals hinausgreift; es kann darin aber nichts Beeinträchtigendes für den König und Moltke liegen, denn alle drei waren kongeniale Figuren, ohne irgend welche persönliche Eifersüchtelei. Uebrigens hat weder der König, noch Moltke, noch Goeben jemals ein Hehl aus dieser Entwickelung der Dinge gemacht. Wenn man am 17. um Mittag einig war, nicht mehr an diesem Tage zu schlagen, so kommt die zweite Frage in Betracht, ob Goeben auch Einfluß auf den Operationsbefehl gehabt hat. In Bezug darauf hat Goeben selbst sich nicht geäußert, auch nichts für sich in Anspruch genommen, die Sicherheit aber, mit welcher er am 18. sogleich bei Villers aux Bois gegen Diten einschwenkte und hier stehen blieb, läßt vermuthen, daß darüber zwischen Moltke und Goeben voll= ständige Einhelligkeit bestanden haben muß, und dies blieb auch so, nach= dem Goeben am Vormittag des 18. sich wieder zum Könige begeben hatte. Die Abfassung des Operationsbefehles, so daß er allen Eventualitäten Rechnung tragen konnte, dürfte hiernach Moltkes Werk allein sein.

Ich komme zur dritten Frage, wie der König selbst, der die beiden bisher genannten Entschlüsse und den Inhalt des Operations= befehls gebilligt hatte, sich zu der Rückkehr nach Pont à Mousson stellte. Im Prinzip stand der König dem Gedanken anfangs ganz und gar nicht beifällig gegenüber. Marschirte der Feind, so hätte die Rückkehr sehr üble Folgen zeitigen können; und es war doch nicht ausge= schlossen, daß der Feind marschirte. Blieb er nur zum Theil stehen, so war das Oberkommando der 2. Armee in Gorze bei der Hand für den Fall, daß etwas Unberechenbares eintrat; blieb er ganz stehen, so mußte die Leitung auf deutscher Seite in der Nähe der versammelten Streitkräfte verharren. Die Auffassungen sind zu natürlich, als daß der König anders überlegt haben könnte. Welchem Einwurf im Besonderen es nun zuzuschreiben ist, daß der König 1. seine bessere Auffassung Preis gab und in die Rückkehr willigte, und das Hauptquartier dann 2. zu so früher Stunde den Platz der Handlung verließ, läßt sich nicht genau ermitteln. Möglich, daß man auf den Mangel an Ein= richtungen zum Uebernachten auf dem Platze der Handlung hinge= wiesen hat; möglich, daß man es zweckmäßiger fand, zum Befehls= apparat nach Pont à Mousson zurückzukehren, nachdem es unter=

laſſen worden war, ihn zeitig heranzuziehen; möglich auch, daß man Rückſichten auf die 3. Armee geltend gemacht hat, obwohl dies zweifellos am wenigſten beſtimmend ſein konnte. Wahrſcheinlich haben alle drei Geſichtspunkte den Sieg über die beſſere Auffaſſung des Königs davongetragen, doch damit iſt noch nicht zweifellos feſtgeſtellt, wer der eigentliche Vertreter der Meinung war, nach Pont à Mouſſon zurückzukehren. Wahrſcheinlicher aber als alle dieſe Geſichtspunkte iſt, daß man den König aus ſehr begreiflichen Rückſichten ſchonen wollte, und ihn überzeugte, daß die Rückkehr das Räthlichſte ſei. Daß es aber auch das Richtigſte geweſen, iſt damit nicht geſagt.

Im Bereiche des 8. Armeekorps verbreitete ſich, in Uebereinſtimmung hiermit, denn auch zuerſt die Nachricht, daß am 18. geſchlagen würde. Als Beweiſe können zwiſchen 2 und 5 Uhr Nachmittags am 17. von faſt allen Truppentheilen deſſelben abgeſandte Feldpoſtbriefe dienen, deren Sinn übereinſtimmend lautet: „Morgen iſt Schlacht." Die Feldpoſtbriefe wurden zwar erſt nach dem 18. Auguſt befördert, die Stempel ſind jedoch vom 17. Und dieſe Nachricht hatte eben der General v. Goeben ſeinen Unterbefehlshabern mitgetheilt, nachdem der General v. Moltke ſich entſchloſſen, am 17. von einem Angriff abzuſtehen.

Ein Jeder ſuchte alsdann noch die Zeit zu einer Nachricht für die Heimath zu benützen. Die Offiziere und Mannſchaften der verſchiedenen Truppentheile konnten aber zu ſo früher Stunde auf dem Inſtanzenwege vom Hauptquartier über das Oberkommando der 1. Armee, welches ſeit 4 Uhr in Ars war, und wieder zurück zum 8. Armeekorps nach Gorze von dem Entſchluß keine Kenntniß erlangt haben, daß am 18. Auguſt geſchlagen werden ſollte.

Die Frage der Rückkehr nach Pont à Mouſſon.

„Und hielt nicht der General v. Moltke die Lage am 17. Auguſt um 2 Uhr für ſoweit abgeſchloſſen, daß er im Laufe des Tages das Erkennen einer beſtimmten Verſchiebung nach der einen oder anderen Seite hin als unwahrſcheinlich annahm?" fragt das „Militär-Wochenblatt" in Nummer 20. Es iſt betrübend, daß man über ſelbſtverſtändliche Dinge Fachmännern gegenüber in eine längere Erörterung treten muß. Nein, der General v. Moltke hielt die Lage nicht soweit für abgeschlossen u. s. w., und es bietet sich für die Frage= stellung nirgendwo ein fundirter Anhalt. Die Fragestellung ist nichts als eine hinterher ausgeklügelte Spitzfindigkeit. „Verschiebung nach der einen oder anderen Seite!?" Du lieber Gott, derselbe Rezensent sagt, Nachmittags zwischen 2 und 3 Uhr wären die Franzosen durchaus noch nicht in der Stellung gewesen, in welcher sie am 18. angetroffen wurden. Um 2 Uhr wurde nun aber der Operationsbefehl für den 18. August erlassen, und nach demselben Rezensenten dauerte der Abzug des Feindes noch bis in die Nacht hinein (zum 18.). War nun die Lage somit um 2 Uhr abgeschlossen, war seit 2 Uhr eine „Verschiebung als un= wahrscheinlich anzunehmen"? War auf das Erkennen der Richtung dieser Verschiebung seit 2 Uhr nicht mehr zu rechnen? Fühlt denn der Rezensent die Ungeheuerlichkeit seines Widerspruches nicht heraus? Was fließt, ist niemals abgeschlossen; die Verschiebung vollzog sich während der Befehlsausgabe, wie und wo sie enden würde, das mußte man nicht, das mußte man eben abwarten und feststellen. Wäre die Richtung der Verschiebung am 17. trotzdem nicht in dem erwünschten Grade erkannt worden, so mußte man zu demselben Zwecke den 18. dazu nehmen. Daß aber der Feind sich verschob, das mußte Moltke vor 2 Uhr genau, was er nicht genau wußte, war die Richtung. Von diesem Eindruck ist denn auch sein Operationsbefehl beherrscht, wer das nicht fühlt, sollte sich mit solchen Dingen nicht befassen. „Solange am 17. nur irgend die Möglichkeit einer Schlachterneuerung vorlag, ist das große Hauptquartier (von 6 bis 2 Uhr) an entscheidender Stelle geblieben; es unterliegt keinem Zweifel, daß um 2 Uhr diese Wahrscheinlichkeit für heute als vollkommen ausgeschlossen betrachtet werden durfte und dafür die Wahrscheinlichkeit eines „Nord= abmarsches" der Franzosen schlechthin die Anschauung aller höheren Führer beherrschte." So äußert sich kein Geringerer als der General der Infanterie v. Scherff. Man ersieht daraus, wie weit die Ansichten über die in Frage stehenden Erörterungen auseinander= gehen; und wenn der General v. Scherff Recht hätte, so hätten die deutschen Armeen noch am 17. in der Richtung des Nordabmarsches folgen müssen. Worauf es mir aber besonders ankommt, das ist, daß wenn man an einen Nordabmarsch glaubte, alsdann die Bewegungen bei den Franzosen zur Zeit des Erlasses des Operationsbefehles noch nicht als zum Abschluß gelangt betrachtet werden konnten, daß mithin

noch Verschiebungen bevorstanden, wie solche ja auch thatsächlich
seit 2 Uhr eingetreten sind. Um 2 Uhr hat man im August noch sechs
Stunden zum Sehen und Arbeiten, und wäre man von dem Gedanken des
fortgesetzten Abzugs beherrscht gewesen, so durfte das Hauptquartier
noch weniger nach Pont à Mousson zurück, als wenn man davon über=
zeugt gewesen wäre, der Feind bleibe bei Metz stehen. Ein Streit
darüber hieße offene Thüren einstoßen. Im ersteren Falle erweiterte
man den Raum ins Ungewisse, im letzteren blieb er derselbe. Hätte
Moltke am 17. seit 2 Uhr das „Erkennen der einen oder anderen
Verschiebung" als unwahrscheinlich angenommen, so wäre das unter den
obwaltenden Umständen, bei der Nähe eines Feindes, dessen mächtige
Staubsäulen man hoch in den Lüften hätte schweben sehen können, wenn
nur ein paar Kilometer geritten worden wären, bei der langen Dauer des
Tages und der vielen zur Verfügung stehenden Zeit, Kavallerie, und dem
„Befehlsapparat" schlechthin ein vernichtendes Urtheil über den General=
stabschef. Die Geschichte der ignorants amis wiederholt sich eben immer,
und die Vertheidigung quand même schlägt dem Helden nur gar zu oft
einfach den Kopf ab. Es ist das Schicksal der rage des grades! Aber noch
mehr, der ganze Operationsbefehl als solcher bräche in sich zusammen,
denn er war nach Scherff auf die Bewegung, weniger auf das Wohn-
bleiben des Feindes zugeschnitten. Wenn eine Armee sich in einer
strategischen Lage befindet, in welcher in wenigen Stunden über ihr
Dasein entschieden werden kann, wie die Bazaines am Nachmittag des
17. August, dann muß Himmel und Erde in Bewegung gesetzt werden,
das begonnene Werk zum Abschluß zu bringen. Dazu ist zunächst das
Verbleiben an Ort und Stelle nothwendig, denn jede Sekunde zählt;
ferner ist das Herabsinken des Tages abzuwarten, bevor man über die
Lage bei der Tagesneige ein Urtheil haben kann. Wie die Dinge da=
gegen verliefen, hätte allerdings Bazaine von 2 Uhr Nachmittags ab
unbelästigt den Abmarsch antreten können; es war also unter solcher
Lage schlechthin das Gegentheil annehmbar von dem, was mein Kritiker
behauptet, und Moltke hat es angenommen, nämlich die Lage beim
Gegner konnte nicht als abgeschlossen betrachtet werden, die Lage war
noch in hohem Grade unfertig; dagegen mußte sich am 17. die
Richtung entscheiden, also mußte Moltke das Erkennen derselben
am 17. für wahrscheinlich halten. Eine andere Ueberzeugung konnte
schlechterdings nicht Platz greifen. Diesseits mußte man mit dem Wahr=

scheinlichen zählen, und das war, daß Bazaine, wenn er weg wollte, am 17. Tag und Nacht durch marschiren mußte; am 18. war er im anderen Falle einfach verloren. Mithin war der 17. der Tag, an dem Kopf und Schwanz der feindlichen Armee erkannt werden mußten, da die Verschiebung zum Abschluß gelangen, die Richtung ergriffen werden mußte, und so in der lebendigen Wirklichkeit stehend, konnte diesseits nur gefolgert werden, daß am 17., wenn auch erst spät Abends, Richtung und Verschiebung zu übersehen möglich sein würden, weil Armeen in solcher Lage erst in der Dunkelheit eine Grenze zu finden pflegen. Moltke wäre ein schlechter Generalstabschef gewesen, hätte er um 2 Uhr bereits darauf verzichtet, die Richtung der Verschiebung zu erkennen, zu der Zeit, da beim Feinde noch alles in Thätigkeit war, ein Theil sich verschanzend und einrichtend, der andere marschirend. Das geschicht= liche Material zur Entscheidung dieses Theiles der Streitfrage ist zwar sehr gering, allein das Wenige genügt vollständig, auch meinen Kritiker historisch zu widerlegen, weil Moltke selber seinen Operationsbefehl nach Zeit und Umständen für verfrüht erklärt hat. Denn er sagt Seite 48, Bd. 3 der gesammelten Schriften: „Die Entschlüsse waren gefaßt und der Befehl zum staffelweisen Vorgehen vom linken Flügel aus wurde ‚bereits‘ um 2 Uhr bei Flavigny erlassen.“ Das „bereits“ hätte in diesem Zusammenhange gar keinen Sinn, wenn Moltke damit nicht selbst auf die Lage hätte hinweisen wollen, in welcher er wider seine bessere Ueberzeugung den Operationsbefehl (zu früh) er= lassen hat.

Allein die Frage der Rückkehr des Hauptquartiers nach Pont à Mousson und der Oberkommandos der 1. und 2. Armee nach Ars bezüglich Gorze muß von einem anderen, viel näher liegenden Gesichts= punkte aus betrachtet werden. Das französische Heer war zwar am 17. August zurückgegangen, jedoch, strategisch betrachtet, nur einen Katzensprung, und um 3 Uhr Nachmittags — also eine Stunde nach Ertheilung des Operationsbefehles und nachdem das Hauptquartier sich bereits entfernt hatte — wurde Gravelotte erst geräumt. Die Gründe, weshalb die Franzosen das Schlachtfeld des 16. räumten, und am 17. ganz in seiner Nähe eine neue Aufstellung wählten, konnten deutscherseits nicht bekannt sein; daß die Franzosen aber mit ihrem linken Flügel vorwärts Metz standen, das mußte man. Keines= falls hatten die Franzosen eine eigentliche Niederlage erlitten, ja die

übergroße Zurückhaltung der Deutschen am ganzen 17. August ist ein
recht deutliches Zeichen von dem niedrigen Barometerstande ihrer Zu-
versicht. Die unmittelbare Berührung des diesseitigen 7. Korps mit
dem Feinde, das beim Hauptquartier deutlich vernehmbare Gefecht
desselben, die Nähe der Festung Metz waren Gründe, welche leicht
Unberechenbares zeitigen konnten. Und wie viel Unberechenbares
hatte sich bisher ereignet, alle taktischen Zusammenstöße waren bisher
gegen die Berechnung erfolgt: Weißenburg, Wörth, Spicheren, Colombey und Mars la Tour. Bei zwei Fällen von diesen, und zwar den
wichtigsten, hatte man bereits die Lehre einstecken müssen, wie mißlich
es ist, wenn die leitende Spitze sich zu weit hinter der Linie befindet,
wenn sie zu spät auf dem Schlachtfelde eintrifft, nämlich bei Wörth
und Mars la Tour. In Anbetracht dieser Lehren und der Unberechenbarkeit im Kriege, in Anbetracht des Gefechtes vom Vormittage beim
7. Korps und der Nähe des Feindes, in Anbetracht des Umstandes, wie es
sich wiederholt gestraft hatte, unmittelbar am Feinde für den Fall eines
unerwarteten Geschehnisses die Befehlsleitung der am Feinde stehenden
Einheiten nicht geregelt zu haben, in Anbetracht des hier konkret
vorliegenden Falles, daß die Schlachten von Colombey und Mars la
Tour nur taktische Glieder einer großartigen, strategischen Operation
bildeten, muß es der forschenden und kritischen Geschichtsschreibung —
ich mache daraus kein Hehl und ich bin durch Angriffe gezwungen, es
auszusprechen — geradezu unbegreiflich erscheinen, daß zu so früher
Stunde nicht nur das Hauptquartier, sondern beide Oberkommandos
den Platz der Handlung verließen, zwar nach Ertheilung eines Operationsbefehles für den 18., allein immerhin ohne für den Fall des
Unberechenbaren am 17. irgend etwas hinsichtlich der Leitung der
versammelten Armeen bis zu dem Zeitpunkte angeordnet zu haben, da
Hauptquartier und beide Oberkommandos wieder zur Stelle sein konnten.
Daß nichts Derartiges geregelt wurde, und daß trotzdem alle drei
Instanzen den Platz der Handlung verließen, nachdem man erfahren
hatte, wie sich gegen Wille und Absicht am 6. August erst um 12 Uhr
Mittags die Schlacht bei Spicheren und um 4 Uhr Nachmittags die
Schlacht bei Colombey entwickelt hatte, fordert doch die Kritik geradezu
heraus und sie darf gar nicht ruhen, ohne die Motive aufgedeckt zu
haben. Von den nächst folgenden Schlachten begann Gravelotte erst
um 12 Uhr, Beaumont sogar erst um 1½ Uhr. Ich lasse mich gern

belehren, allein mir ist kein Fall in der Kriegsgeschichte bekannt, daß ein Hauptquartier sich zu einer Stunde vier Meilen vom Platze der Handlung entfernt hätte, seit welcher vollständig Zeit gewesen wäre, eine Schlacht zu schlagen und zu — verlieren! Ich sollte meinen, diese Erwägungen wären so naheliegender Natur, daß man nach den Ur= sachen forschen muß. Man kann dagegen nicht anführen, die Franzosen hätten bisher wenig Offensivität gezeigt: Man mußte sich vielmehr sagen, daß wenigstens ein großer Theil der Rheinarmee Versuche machen würde, um sich einer verzweifelten strategischen Lage zu ent= ziehen. Das lag am nächsten, man konnte bießseits in der Situation eigentlich nicht anders als so kalkuliren, denn das wäre vom Feinde das Richtigste gewesen. Dafür verfügte der Feind nur über zwei Mittel, welche aber beide die Anwesenheit der drei Instanzen ge= bieterisch gefordert hätten, nämlich den Marsch oder die Schlacht. Also, ich bitte um sachliche Aufklärung!

Ich werde an anderer Stelle und zu einer anderen Zeit auf diese Vorgänge gründlicher zurückkommen, heute will ich nur mittheilen, daß Niemand anders als der Kaiser Wilhelm I. selbst sich später dem Sinne nach so über die Streitfrage geäußert hat, wie ich es in den „24 Stunden" gethan habe. Das weiß ich aus untrüglicher Quelle, und wenn ich davon keine Kenntniß erlangt gehabt hätte, so würde ich den Punkt vielleicht nur berührt haben. Allein der Umstand, daß König Wilhelm und sein Generalstabschef nur drei rangirte Schlachten geleitet haben, und daß bei zwei von diesen drei (Königgrätz, Gravelotte, Sedan) das Hauptquartier viel zu weit zurückgeblieben war (Königgrätz, Gravelotte), legt doch der kritischen Forschung die Pflicht auf, die Nachtheile dieser Erscheinungen für die Zukunft zu erörtern, damit zeitig Einrichtungen geschaffen werden, daß ein modernes Hauptquartier, wenn es nothwendig wird, unmittelbar am Feinde übernachten kann. Der Kampf um be= festigte Positionen, nach Art von Gravelotte, muß nothgedrungen sich in Zukunft häufiger einstellen, als 1870/71, und dieser Umstand macht eine Erörterung über den Platz des Hauptquartiers unter wechselnden und stabilen Verhältnissen geradezu zu einem Gebot, um aus Geschehe= nissen, welche der Geschichte angehören, richtige Schlüsse zu ziehen. Wie soll man sonst aus Auffassungen und Gewohnheiten lernen, welche 1870 nicht immer überwunden waren!

Als nämlich eines Tages die hier zur Erörterung stehenden Dinge

bei Kaiser Wilhelm I. zur Sprache kamen, äußerte Wilhelm I. sinn=
gemäß: „Wir haben viel Glück am 17. und 18. August gehabt, in
dieser Hinsicht aber auch von Königgrätz nicht genug gelernt. Ich weiß
wohl, daß unter den einmal bestehenden Verhältnissen (damit zielte
der Monarch wohl auf den Personenreichthum des Hauptquartiers ab)
und mangels genügender Einrichtungen, das Hauptquartier nicht
immer da war, wo es hätte sein müssen; man muß aber, weil ein
modernes Hauptquartier in Zukunft eher zahlreicher als kleiner zu werden
droht, darauf sehen, daß nur die nothwendigsten Personen in ihm ver=
treten sind. 1870 waren in dieser Beziehung die politischen Rück=
sichten mächtiger, als die rein militärischen Bedürfnisse und es war
unthunlich, dem entgegen zu wirken. Ich glaube aber," so fügte der
Kaiser launisch hinzu, „daß, falls es sich z. B. um einen Krieg in
Polen gehandelt hätte, alsbann der Zufluß nicht in dem
Grade eingetreten sein würde, wie z. B. beim Oberkommando
der 3. Armee." Und weiter: „Wie würde sich wohl der 18. August
gestaltet haben, falls die Franzosen etwa ein Armeekorps bei Metz
zurückgelassen und mit den Hauptkräften am 17. und 18. August nur
drei Meilen marschirt hätten? Alsbann hätte das Hauptquartier am
18. August — was doch nun nothwendig geworden wäre — sieben
Meilen zurücklegen müssen, um in das „zeitgemäße" Verhältniß zu
treten. Sieben Meilen zurück ist aber unter allen Umständen zu weit,
wenn man schlagen will." Anderes, das, wie Kaiser Wilhelm das liebte,
zurückschauender Erörterung und der Selbstkritik unterworfen wurde,
lasse ich gänzlich außer Betracht; wer zu lesen versteht, wird an manchen
Stellen empfinden, daß die Ansichten darüber ähnlich lauteten. Wie
stehen nun meine Gegner da? Was können sie hiergegen vorbringen?
Was es immer sein möge, ich werde die Antwort nicht schuldig bleiben,
denn gerade diesen Dingen habe ich Jahre hindurch nachgespürt, weil
mir auf diesem Gebiete die allerwichtigsten Lehren für die große Krieg=
führung zu liegen scheinen.

Dem General v. Scherff zufolge ist der Operationsbefehl vom
17. August unter der Auffassung erlassen worden, die Franzosen
wären am 17. August marschirt und würden am 18. den Marsch
fortsetzen. Dachte man so, so mußte man unbedingt am 17. erfahren,
bis wohin sie an diesem Tage gelangt sein würden, und zwar vor der
Ausgabe des Operationsbefehls. Die im Marsche vermutheten Franzosen

konnten am 17. die Orne überschritten und am 18. einen so weiten Vor=
sprung erlangt haben, daß sie durch einen Marsch in massirten Staffeln
überhaupt am 18. nicht mehr einzuholen waren. Wollten die Franzosen
sich der über ihrem Haupte schwebenden Gefahr noch entziehen, so mußten
sie „lange Beine" machen, dies aber auch auf unserer Seite voraus=
gesetzt werden. So betrachtet, hätte das Hauptquartier seinen Platz am
18. schwerlich erreicht. Was aber schlimmer ist, man hätte die Summe
der strategischen Anstrengungen als gescheitert ansehen müssen, im Großen
hätten sich die Geschehnisse von Münchengrätz am 28. Juni 1866
wiederholt, und wie damals dort die beiden feindlichen Korps, so würde
hier die Hauptmacht Bazaines einfach entschlüpft sein. Man hätte
dann von Neuem beginnen, die mit so viel Mühe herbeigeführte Ver=
sammlung aufgeben und wieder operiren müssen. Irgendwo muß nun
die Ursache sitzen, daß der Befehl auf so unsicherer Grundlage erlassen
wurde, — denn, daß diese Gedanken in der Situation aufgestiegen
sind, halte ich geradezu für selbstredend und irgendwo — die Ursache,
daß man nach Pont à Mousson zurückkehrte. Man könnte also sagen:
Glaubte man an den Abmarsch der Franzosen, so ließ sich mit dem
Operationsbefehl am wenigsten machen, er stand dann, — eigentlich mit den
wahren Zielen im Widerspruch, denn man wollte schlagen. Waren
die Franzosen dagegen nicht marschirt, so ließ sich aus dem Operations=
befehl alles machen; er paßte also gerade für die Fälle am besten,
welche bei seiner Ausgabe nicht die Folge der alles Andere beherrschen=
den Auffassung werden konnten.

Dies wird über das Prinzip angeführt, allein die Sache hat noch
eine wichtigere zweite Seite, nämlich hinsichtlich der Frage des Zeit=
punktes der Rückkehr. Halte ich es für einen Fehler, daß man die
Frage, gehen wir nach Pont à Mousson zurück oder bleiben wir zur
Stelle, in ersterem Sinne bejahte, so muß doch gefragt werden, warum
hatte man es denn mit der Ausgabe eines Operationsbefehles so eilig,
welcher vom Platze seines Erlasses in kürzester Zeit in den Händen
der Oberkommandos der 1. und 2. Armee sein konnte, wenn alle drei
Instanzen zur Stelle geblieben wären, und woraufhin diese überhaupt
wenig zu veranlassen hatten, das Zeit in Anspruch genommen,
während das Veranlaßte wieder in kürzester Frist an die General=
kommandos expedirt und bei ihnen eingegangen sein konnte, weil die
beiden Armeen versammelt waren? Es ist selbstredend das Beste,

ben Inſtanzen bie Befehle ſo zeitig zukommen zu laſſen, baß bieſe ohne Ueberſtürzung ihre Maßnahmen treffen können unb bieſe ſowohl wie bie Truppenkommanbeure möglichſt ſelten in ber Nachtruhe geſtört werben. Allein, werben bie Befehle zu früh erlaſſen, ſo kann ſich bas noch größere Uebel einſtellen, baß ſie burch ſpäter eintreffenbe Melbungen abänberungsbebürftig werben, unb natürlich müſſen bann alle unteren Inſtanzen folgen. Regeln nach ber Uhr kann man für bie geeignetſte Zeit nicht geben, aber bie Kriegspraxis lehrt nun mal, baß beim ein-brechenben Abenb in ber Regel erſt bie Truppen ſo ſtehen, wie ſie bie Nacht verbringen wollen, unb baß bie höchſte Führung einen Opera= tions- ober Schlachtbefehl erſt auf Grunb ber letzten erhältlichen Nachrichten über ben Stanb ber Dinge beim Gegner erlaſſen barf. Dafür iſt für ben kommenben Tag naturgemäß ber Befunb am voraufgehenben Abenb maßgebenb unb es kann leicht Mitternacht unb ſpäter werben, weil bie Melbungen ben Weg bis zum großen Hauptquartier zurücklegen müſſen, bis bas letztere ſeine Befehle erläßt. Worin liegen nun bie Urſachen, baß man ſchon um 2 Uhr ben Befehl für ben folgenben Tag erließ unb gleich barauf ſich vier Meilen hinter bie Armeen zurückbegab? Das, was ich hier entwickelt habe, iſt bie napo= leoniſche Methobe, welche bem beutſchen Generalſtabschef ſehr vertraut war. Was zwang zum Befehl um 2 Uhr Nachmittags? Nehmen wir an, es hätte ſich ſpäter etwas von Bebeutung ereignet, ſo würben bie Berichte barüber unb bie baraufhin erlaſſenen Anorbnungen ſehr weite Wege erforbert haben. Nehmen wir bagegen an, man hätte bei Flavigny bas Hereinbrechen bes Abenbs abgewartet, bie Befehlshaber ber beiben Armeen zu ſich beſchieben, ihre Berichte unb Auffaſſungen entgegengenommen unb bann erſt hierauf einen Befehl erlaſſen, ſo würbe man viel zweckmäßiger unb kriegsgemäßer verfahren ſein unb man hätte auch bann noch zur Nachtruhe nach Pont à Mouſſon zurück= kehren können, falls man bas wollte. Wenn aber Rückſichten auf bie 3. Armee geſtatteten, von 6—2 Uhr vom „Befehlsapparat" fern zu bleiben, ſo iſt ſchlechterbings nicht einzuſehen, weshalb bieſelbe Armee bie Rückkehr gerabe um 2 Uhr nöthig gemacht haben ſollte, unb beshalb vorher ber Befehl hätte ertheilt werben müſſen. Allein bie Frage ſteht noch anbers: Wenn man es boch nicht zu einer münb= lichen Ausſprache zwiſchen bem großen Hauptquartier unb ben beiben Oberkommanbos kommen ließ, ſo war es ganz gleichgültig, von wo der „Befehl von 2 Uhr" erlassen wurde, ob von Flavigny aus oder von Pont à Mousson oder sonstwo; Zeitpunkt des Befehlserlasses und Ort des Erlasses waren, wie die Dinge standen, von einander gänzlich unabhängig; es wäre also unter allen Umständen wenigstens der Abend für die Befehlsertheilung abzuwarten gewesen, gleichgültig, ob man sich dann bei Flavigny oder in Pont à Mousson befand.

Und wenn man den Inhalt des Operationsbefehls prüft, sowie berücksichtigt, daß er auf Grund spärlicher und sich widersprechender Meldungen und ohne mündliche Aussprache mit den zur Stelle befindlichen Oberkommandos erfolgte; daß auch durch die eigene Anschauung weder die Widersprüche gelöst wurden noch der Gesichtskreis eine merkliche Erweiterung erfuhr, so kann man sagen: Um zu diesem Resultat zu kommen, wäre es überhaupt nicht nothwendig gewesen, daß das große Hauptquartier sich am 17. nach Flavigny begab, dies alles hätte, wie es heute geschrieben steht, genau so von Pont à Mousson und jedem beliebigen anderen Punkte aus befohlen werden können. Mithin verfehlte das große Hauptquartier mit dem, was es am 17. that, soweit dadurch seine Anwesenheit am Platze der Ereignisse berührt wird, seinen Zweck. Es legte sich große Anstrengungen auf, aber man erfuhr am Ort der Handlung kein Jota mehr, weil das Hauptquartier anwesend war, mithin hätte es ruhig in Pont à Mousson verbleiben können; allein wir wissen, daß es die Stadt hauptsächlich unter dem Gesichtspunkte verlassen hatte, unter günstigen Umständen am 17. die Schlacht zu erneuern. Sobald man nun aber davon zurückkam, mußte der Boden für dieselbe Absicht, aber für 24 Stunden später, erst bereitet werden. Das geschah nicht. Alle drei Instanzen verließen vielmehr den Ort der Handlung gerade in dem Zeitpunkt und unter sonstigen Verhältnissen, da sie hätten bleiben müssen, und man erließ fast wieder 24 Stunden später einen Schlachtbefehl, ohne erheblich mehr erfahren zu haben, als man am 17. um 2 Uhr mußte. Im Ganzen beobachtet man daher auf der einen Seite eine große Kraftvergeudung, auf der anderen ein vollständiges Unbenutztlassen zur Stelle befindlicher Kräfte. Man stößt dabei auf manche Erscheinungen und Handlungen, welche sich im Widerspruch damit befinden, was man wollte und was man hätte thun müssen, oder die mindestens mit den Absichten nicht recht vereinbar sind. Das Räderwerk griff eben nicht ineinander:

1. Man begiebt sich auf den Platz der Ereignisse, um bessere Unterlagen für Entschlüsse zu erlangen, als es von Pont à Mousson aus möglich war; am Platze der Handlung erfährt man aber nichts mehr, als man in Pont à Mousson erfahren haben würde, und man thut auch von keiner Seite etwas, um etwas mehr zu erfahren.

2. Hauptquartier und Oberkommandos befinden sich acht Stunden lang auf einem kleinen Raume; der mündliche Verkehr unter ihnen hätte sich also ganz von selbst aufgedrängt, man kommt aber auch dazu nicht. In vielen Kriegslagen macht man die größten Anstrengungen, um eine mündliche Aussprache der weiter unter einander entfernten Spitzen herbeizuführen und mit Recht; hier waren sie „zusammen", verkehrten aber nicht direkt miteinander, sondern durch entsandte Offiziere.

3. Man erläßt einen Befehl um 2 Uhr, für welchen man sich an den Feind begeben hatte und acht Meilen hin und her machte, der aber inhaltlich genau so von Pont à Mousson aus hätte ergehen können.

4. Kaum ist der Befehl am Platze der Handlung erlassen und expedirt, als der schriftliche Verkehr von Ars nach Pont à Mousson und vice versa losgeht, weil man sich persönlich nicht vorher ausgesprochen hatte. Die späteren Schreibereien, statt zu einer Verständigung zu führen, erweiterten die Kluft der persönlichen Friktionen. Nach Lage der Dinge hätte man sich persönlich aussprechen müssen, sich verständigen, bevor der Befehl ertheilt wurde; dies war selbstverständlich, man ging aber weg, ohne sich ausgesprochen und verständigt zu haben und mußte nun den schriftlichen Weg betreten.

5. Man wollte schlagen, erließ aber keinen Schlachtbefehl, sondern einen Operationsbefehl. Ich breche ab, die Liste könnte ganz bedeutend verlängert werden, sie dürfte aber genügen, um selbst in den Laien den Eindruck zu erwecken, daß es „hier nicht stimmte", daß hier die drei Instanzen sich geradezu aus dem Wege gingen, daß die sich herausgebildete Feindseligkeit untereinander die „Urfriktion" war, durch welche der Lauf der Dinge erschwert wurde.

Ankunft der Franzosen in ihrer Stellung.

Der Kritiker in Nummer 20 des „Militär-Wochenblattes" meint, ich hätte mir nicht einmal „die Mühe genommen, die Dinge geschichtlich richtig darzustellen". Nun, ich sollte meinen, die Berichtigungen, welche ich der bisherigen Geschichtsschreibung zu Theil werden ließ, wären von Jedem mit Händen zu greifen. Die Franzosen „seien am 17. zwischen 2 und 3 Uhr noch nicht in der Stellung gewesen, in der sie am 18. angetroffen wurden. Bis in die Nacht hinein hätte der Abzug des 6. Korps in die am 18. ‚eingenommene‘ Stellung gedauert und noch am Spätnachmittage des 17. August hätten Truppen des 4. Korps bei Doncourt gestanden. Bei Verneville seien um 6 Uhr noch Theile des französischen 6. Armeekorps, ja sogar zwei Batterien gewesen und um die genannte Zeit eine Schwadron Chasseurs durch das Dorf marschirt." Wie der Kritiker zu jenen Zeitangaben kommt, kann ich nicht kontroliren, da er die Quellen für seine Behauptungen nicht beibringt; dies darf doch aber bei so bestimmten Behauptungen gefordert werden. In der That ist auch eine Schwadron Chasseurs, und zwar vom 3. Regiment, „um Mittag" (Kunz, S. 46, Deutsche Reiterei um Metz) von Verneville gegen Malmaison geritten, aber schleunigst um-gekehrt, weil sie von den eigenen Truppen beschossen wurde.

Ich gebe zu, daß ich hierbei hätte erwähnen müssen, daß dem französischen 6. Korps zuerst als Marschziel überhaupt nicht St. Privat, sondern die Gegend von Verneville angewiesen worden war, und daß erst auf Einspruch des Marschalls Canrobert der Marschall Bazaine die Fortsetzung des Marsches bis St. Privat erlaubte.*) Als dann der Marschall Canrobert sein Korps bei St. Privat versammelt hatte, dehnte er seine Aufstellung noch bis Roncourt aus.

Das 6. französische Korps langte unter diesen Umständen erst mit den letzten Truppen in der Nacht vom 17. zum 18. August in der Gegend von St. Privat an und verbrachte fast die ganze Nacht mit dem Beziehen seiner neuen Stellung. Uebrigens findet sich in den vom großen General-stabe herausgegebenen „Kriegsgeschichtlichen Einzelschriften" (Heft 11, auf Skizze 3) das französische 6. Armeekorps bereits am Abend, als in die Stellung von St. Privat eingerückt, eingetragen. Da man nun bei derartigen Dingen hauptsächlich auf die amtliche Kriegsgeschichts-schreibung angewiesen und Heft 11 erst vor 1½ Jahren erschienen ist, so hätte der Kritiker in Nummer 20 des „Militär-Wochenblattes" seinen Tadel gegen den großen Generalstab richten sollen. Im Allgemeinen ist

---

*) Feldzug des Rheinheeres, vom Marschall Bazaine, S. 63.

meine Angabe richtig: das 2., 3., 4. und Gardekorps waren seit 9 Uhr Morgens, am 17. August, nach und nach in die Stellung eingerückt, das 2. Korps hatte schon gegen 9 Uhr bei Rozerieulles gestanden, von wo es bald darauf wieder vorgeholt wurde. Also waren die Franzosen zwischen 2 und 3 Uhr am 17. auf mehr als einer Meile Front in ihrer Stellung, mit Ausnahme des 6. Korps. Daß Doncourt noch am Spätnachmittage des 17. August von Truppen des 4. französischen Korps besetzt gewesen wäre, ist nicht mit Sicherheit festzustellen, auch wenig wahrscheinlich. In Doncourt befanden sich vielmehr lediglich noch einige Trains und Lazarethe, mit deren Fortschaffung freilich der 17. verstrich. Nun behauptet das „Militär-Wochenblatt" in Nummer 20, zwischen dem französischen 6. und 4. Korps hätte eine Marschkreuzung stattgefunden, und der Kritiker will damit den Anschein erwecken, als ob dadurch die französische Bewegung verschleppt worden wäre. Das ist absolut falsch. Eine Marschkreuzung zwischen dem 4. und 6. französischen Korps erfolgte nicht, sondern der Hergang war der, daß das 6. Korps in der Gegend von Verneville eine Aufnahmestellung für das 4. Armee-korps bezogen hatte. Nachdem das 4. Korps Verneville durchschritten, war die Genehmigung des Marschalls Bazaine eingetroffen,*) und nun brach das 6. Armeekorps auf. Um 6 Uhr Nachmittags waren aber sowohl Verne-ville wie Habonville vom Feinde geräumt. Hinzufügen möchte ich, daß dieser Hergang indessen nur ein „wahrscheinlicher" war. Nehmen wir an, die Dinge hätten wirklich diesen Verlauf genommen, was würde daraus folgen? Es hätten sich alsdann bis gegen 4 Uhr Nachmittags zwei volle französische Armeekorps, nur 6 Kilometer von unseren Vorposten entfernt, in einer höchst nachtheiligen taktischen Lage und in Bewegung befunden. Ein Eingreifen der höchsten Instanz vorausgesetzt, deren eines ihrer Ziele doch die Straße über Auboué war, weil der Gedanke des Abmarsches nach Nordwesten oder Norden schlechthin am 17. und noch in der Frühe des 18. der alle anderen Gesichtspunkte beherrschende ge-wesen sein soll, hätten zur Aufklärung vorgesandte Offizierpatrouillen wegen der kürzeren Entfernung auch viel früher Einblick in die wahre Situation erlangen müssen, als wenn der Gegner bereits bei St. Privat gestanden hätte. Die Sache würde dadurch also nur noch verschlimmert! Daß von den Vorgängen beim Gegner nichts festgestellt

---

*) 4 Uhr, S. 167/68, Feldzug des Rheinheeres, vom Marschall Bazaine.

wurde, erscheint um so auffallender, als der 17. August hell und trocken war, und der Marsch so beträchtlicher Massen daher weithin sichtbare Staubsäulen erzeugen mußte. Diese hatte man wenigstens am Vormittage des 17. diesseits bemerkt. Man brauchte daher bloß mit dem „Finger auf die Karte zu zeigen" und gegen die muthmaß- lichen Punkte vorreiten zu lassen, die der Gegner, wie diesseits nun mal die Lage beurtheilt wurde, hätte berühren müssen, und man würde alsdann genügenden Einblick gewonnen haben; allein die höchste Spitze griff eben nicht in diesem Sinne ein, es wurde daher nicht ge- ritten und der Operationsbefehl gelangte zu einer Stunde zur Ausgabe, als die Dinge noch im „Fließen" waren. Wäre aber ge- ritten worden, so würde wahrscheinlich ein Operationsbefehl gar nicht erlassen worden sein, sondern man hätte sogleich den Schlachtbefehl er- theilen können, selbstredend nicht um 2 Uhr Nachmittags am 17. August, sondern am Spätabend oder in der Nacht. Der wirkliche Hergang mußte also den Deutschen das Erkennen der feindlichen Absichten er- leichtern statt erschweren.

Von dem Augenblick an, da man einen neuen Zusammenstoß mit dem Feinde nicht mehr zu scheuen brauchte, mußte die Masse der Kavallerie sogleich vorgenommen werden, denn bis 2 Uhr konnten die Pferde genügend ausgeruht sein. Wenn nun keine Meldungen einliefen, so lag doch der Gedanke nahe, festzustellen, ob die 2. Armee die Kavallerie vorgenommen hatte; war es nicht geschehen, so mußte es von der befugten Instanz veranlaßt werden. Wenn der Kritiker dem- gegenüber behauptet, es „hätte für Moltke kein Grund vorgelegen, jetzt dafür besondere Weisungen zu erlassen", so stände mindestens meine Behauptung gleichberechtigt der des Kritikers gegenüber, daß es hätte geschehen müssen, ich muß aber fragen, weshalb erließ Moltke denn nach der Schlacht die Weisung: „Kavallerie weit voraus"! Griff er damit nicht auch in die Befehlsbereiche der Oberkommandos ein? Ist es nicht Sache der höchsten Spitze, Unterlassungen nachzuholen? Das kann doch wohl Niemand in solchen Lagen bestreiten. Im Uebrigen verweise ich auch die angeführten Urtheile Scherffs.

Leicht war es bei den excentrischen Marschrichtungen der Fran- zosen nach Osten und Norden gewiß nicht, eine richtige Anschauung von der Lage zu gewinnen; wäre das so leicht gewesen, so würde ich dabei nicht verweilt haben. Hätte man aber am 17. bis Abend auch nicht alles erfahren, so würde man doch jedenfalls zeitig auf die richtige Spur gelangt sein. Der Kritiker meint weiter, ich hätte die Ursache alles dessen in „höchst anfechtbaren persönlichen Motiven" erblickt, sie nicht durch „sachliche Erwägungen" aufgedeckt. Ja, mit bloßen Redensarten schafft man solche Dinge doch nicht aus der Welt; wenn mein Kritiker es aber besser weiß, warum hat er die „sachlichen Erwägungen" nicht angestellt und mich meiner Irrthümer überführt? Was bringt er denn zur Sache vor? Gar nichts!

Pietät.

Das führt mich zu dem Hauptvorwurf, den der Kritiker in Nummer 20 gegen mich erhebt, nämlich, daß ich unserem königlichen Feldherrn „Bequemlichkeit" vorgeworfen hätte. Selbst Derjenige, welcher bloß gewohnt ist, am grünen Tische und mit Zirkel und Karte zu arbeiten, hätte doch vor einer solchen Beschuldigung zurückschrecken sollen. Ich habe das Wort „Bequemlichkeit" niemals gebraucht, ich habe lediglich gezeigt, daß man 1. von schlechten Gewohnheiten nicht abgelassen hatte; 2. daß man zum „Befehlsapparat" zurückkehrte, statt diesen sogleich an den Platz der Handlung nachzuziehen. Soweit sollten meine Darlegungen andeuten, daß man in Zukunft anders verfahren müsse. 3. Aber scheint der Kritiker sich nicht in die kraftverzehrende Lage, wie sie am 17. August herrschte, hineinversetzen zu können. Wenn der verantwortliche Führer sich muthmaßlich vor einem weltgeschichtlichen Entschluß befand, so gehören schon kräftige Nerven und Konstitution dazu, dies in sich zu verarbeiten. Wenn dazu noch körperliche Anstrengungen traten, welche ein reichliches Maß für einen jugendlichen, kräftigen Mann bilden, dann ist es doch nicht allein menschlich von dem pflichtbewußtesten Führer, sondern auch vollständig berechtigt und gerechtfertigt, sich in die Gelegenheit zu bringen, sich möglichst zu erfrischen, um bevorstehenden, noch größeren Anforderungen an Geist, Verantwortung und körperliche Leistungsfähigkeit gewachsen zu sein. Wer aber bereits vier Meilen zurückgelegt und dann von 6 Uhr früh bis Nachmittags 2 Uhr im Sattel gesessen hat, dessen Kräfte werden in der Regel zur Neige gehen. Diesem einfachen menschlichen Gesetz unterliegt Hoch und Niedrig, Alt und Jung, denn auch die physische Leistungsfähigkeit hat ihre Grenze. Nicht den Vorwurf der „Bequem-

lichkeit" habe ich erhoben, nicht mit Zirkel und Karte habe ich allein
gearbeitet, sondern ich habe gerade umgekehrt mich in die geistige und
körperliche Lage des verantwortlichen Führers und seines Generalstabs=
chefs zu versetzen bemüht, um zu beweisen, daß man nicht allein unter
Anwendung von Zirkel und Karte kritisiren darf, sondern die „Frik=
tionen" berücksichtigen muß, welche stets im Kriege schon deshalb ein=
treten, weil jeder Mensch eben Mensch ist und menschlich irren kann;
weil jeder Mensch Einflüssen der verschiedensten Art unterliegt, weil
unberechenbare Dinge eintreten können, weil dieselben Erscheinungen
von sehr verschiedenen Gesichtspunkten aus beurtheilbar sind, weil die
Dinge sich immer verschieben wegen der Veränderlichkeit des Wesens,
welches Krieg führt, des Menschen; dann kam es mir darauf an zu zeigen,
daß wegen der schlechten Gewohnheiten an ein Hauptquartier räumliche
(d. h. physische) Anforderungen gestellt wurden, denen der kräftigste Mann
nicht gewachsen sein kann, und welche trotz Telegraph das Einvernehmen
mit den Oberkommandos erschwerten. Das ist doch ganz etwas anderes,
freilich muß man einem Anderen keine bösen Absichten unterschieben
wollen. Nach der Situation standen aber am 18. noch größere An=
strengungen bevor, mithin wurde die Rücksicht auf Ruhe und Erholung
am 17. geradezu ein Gebot und es wäre unräthlich gewesen, ihm
nicht in solchem Grade Rechnung zu tragen, wie es überhaupt zu er=
möglichen war. Meines Erachtens würde es für den verantwortlichen
Führer nun aber eine Beruhigung gewesen sein, wenn die Ein=
richtungen ein Verbleiben auf dem Platze der Handlung erlaubt
hätten, und außerdem würde man auf diese Weise eine physische Kraft=
ersparniß erzielt haben. Und zuletzt mußte das Hauptquartier schließ=
lich doch in der Nacht vom 18. zum 19. in der Nähe des Schlacht=
feldes ohne irgend welche Einrichtungen bleiben, und zwar in der
Absicht, am 19. die Schlacht zu erneuern, so daß es eintreten konnte, vom
19. zum 20. August wieder ohne Einrichtungen am Platze der Handlung
verharren zu müssen. Wollte man radikal sein, so könnte man einfach
sagen, dann war das auch vom 17. zum 18. möglich. Ich will das
nicht sagen, wohl aber möchten daraus die Lehren zu ziehen sein, im
Frieden schon Einrichtungen zu treffen, daß die Hauptquartiere nicht
zu groß werden und daß sie zu jeder Zeit, wenn es nothwendig ist,
am Feinde übernachten können. Am 17. August beobachtet man da=
gegen, daß gerade in dem Zeitpunkt Hauptquartier und Oberkommandos

nach Pont à Mousson, Gorze und Ars zurückgingen, da sie unbedingt alle drei am Platze hätten bleiben müssen, und nun noch gar, ohne daß eine persönliche Aussprache zwischen ihnen stattgefunden hatte. Auf diese Weise befanden sie sich bis zu vier Meilen hinter dem Platze der Handlung und unter sich drei Meilen weit auseinander. Daher mußte nun das später schriftlich und telegraphisch nachgeholt werden, was an Ort und Stelle durch persönliche Aussprache spielend erledigt werden konnte. Ich stimme Clausewitz vollständig bei, daß man bei der Kritik „oft unüberwindlichen Schwierigkeiten begegnet, weil die Ereignisse noch weniger als die Motive der Handelnden selten voll= ständig bekannt sind", allein, wenn mein Kritiker sich damit nicht zu= frieden giebt, was ich vorgebracht habe, so müßte er mich doch zunächst durch substanzielle Angaben ergänzen und berichtigen.

Von anderer Stelle ist mir der Vorwurf gemacht worden, ich hätte die große Verantwortung, welche in diesen von Friktionen reichen Stun= den auf König Wilhelm I. lastete, nicht gebührend berücksichtigt und ich wäre aus diesem Grunde ungerecht gegen unseren königlichen Feld= herrn geworden. Wie kann man einen solchen Vorwurf erheben? Die Kriegsgeschichte weist keine strategische Leistung auf, welche mit dieser Massenversammlung zu einem großen Zwecke, trotz mancher störenden Zwischenfälle, in Vergleich gestellt werden könnte. Auch Napoleon I. ist dahinter zurückgeblieben. Ich habe eben die größte strategische Leistung einer Untersuchung unterzogen, nicht weil sich dabei Mängel zeigten, was in großen wie in kleinen Dingen vorkommt, sondern weil mich eben das Höchste anzog. Weil, wenn man aus der Kriegsgeschichte lernen und der Zukunft dienen will, was das erste Gesetz jedes sorg= samen Hausvaters ist, man am besten einen Vorwurf wählt, der stra= tegisch und taktisch als die Basis einer „neuen" Kriegführung dienen kann. Selbst von meinen Gegnern ist anerkannt worden, daß es dafür kein geeigneteres Beispiel als die strategischen Operationen und taktischen Maßnahmen um Metz mit dem taktischen Finale von Gravelotte giebt. Hier haben wir thatsächlich alles auf einem Brett vereint, Nichtgewolltes und Gewolltes, was strategisch und taktisch an die große Kriegführung der Zukunft herantreten kann, und ich sollte meinen, wenn ein Monarch sich dabei so verständnißvoll und fest zeigt, er selbst dann, wenn er als Feldherr, nachdem wir heute aus den Fehlern gelernt haben, gefehlt haben sollte, jedes — auch das schärfste — Urtheil der Geschichte ruhig über sich ergehen lassen kann, weil jede Eigenart der Kriegführung eben von dem Standpunkt aus beurtheilt werden muß, daß dafür der Feld=herr wohl gewisse Analogien in der Vorzeit zu finden vermag, jedoch in manchen Punkten Neues hinzufügen muß. Es würde nun aber meines Erachtens eine schwere Pflichtversäumniß Derjenigen sein, welche ihrem Leben nach dazu befähigt sein können, wenn es unterlassen würde, zeitig die Möglichkeit zu bieten, aus einem relativ „neuen" Krystalli=sationsprozeß der Kriegführung selbst zu lernen und andere zu belehren. Man weiß dann nicht gleich Anfangs, zu welchen Schlüssen man ge=langt, die Gedanken kommen und wachsen erst unter der Feder und selbst=strebend ist es ein anderes zu kritisiren, als zu handeln, selbstrebend wird der rückschauende Kritiker dabei ebenso Irrthümern unterliegen, als der vorschauende Feldherr, denn es giebt nichts Vollkommenes auf der Welt. Ob ich befähigt zu meinem Werke bin, das kann lediglich das entscheiden, was ich geboten habe, und ich fürchte darüber das Urtheil eines un=befangenen späteren Geschlechts nicht. In Bezug auf den verantwort=lichen, handelnden Monarchen und Feldherrn besitzen wir freilich bereits eine Kritik, welche erhaben ist über jede andere: Es ist der bei=spiellose Gesammterfolg nach jeder operativen Etappe, so hier bei Gravelotte. Man wird mir vorhalten, es gäbe in der Kriegsgeschichte bereits Beispiele, die hiermit Aehnlichkeit hätten. Ich habe auf den typischen Vorgang von Atalanta selbst in den „24 Stunden" hingewiesen; allein ich muß doch bemerken, daß weder Ulm noch Jena, noch Regensburg, noch Atalanta nach Zeit, Räumen und Massen mit dieser Feldherrnperiode in Vergleich gestellt werden dürfen. In den Motiven und großen Entschlüssen liegt freilich eine absolute Gleichartigkeit und nichts Neues. Indessen der große Entschluß ist eben auch das erhabene Merkmal des Feldherrn und dieser Ruhm wird Wilhelm I. immer bleiben. Die Objekte, mit welchen dagegen gehandelt wurde und auf die man abzielte, übersteigen materiell und dimensionell weit alles Frühere. Der Uebergang über die Mosel, die hierbei zu beobachtende Manipulation des Feldherrn hinsichtlich der vorübergehenden Aufhebung der Armeeverbände und wieder ihrer Herstellung, je nach der Nothwendigkeit der unaufhörlich sich verschiebenden Lage einem nahen, versammelten starken Gegner gegen=über in der Nähe einer schier „unbezwingbaren" Festung, die dauern=den, verständnißvollen und sofort angewendeten „Gegenmittel", um einen etwaigen vom Feinde erlangten Vortheil zeitig zu paralysiren, das stets

„en vedette fein" des wachsamen Auges und der Entschlußbereitschaft, die Fähigkeit der Armeen andererseits den Anforderungen der Entschlüsse durch ihre innere Biegsamkeit zu genügen, dies alles sind Dinge, welche keinen gleichen Vorgang haben und welche für die Zukunft des großen Krieges typisch bis zu einem hohen Grade sein werden. Man berücksichtige hierbei indessen, was es heißt, eine Reihe von Tagen hintereinander sich vor große Entschlüsse gestellt zu sehen; was es heißt, für jede Erscheinung geistesbereit zu bleiben und körperlich nicht zu erlahmen, man versetze sich in die wechselnden Situationen seit dem 13. August bis zum 18. und dann frage ich, wo sind denn Vor-gänger, deren Nerven, Thatkraft, Entschlußbereitschaft und Klarheit „durchhielt" — eine so lange Zeit durchhielt, während sich die Ver-hältnisse mehr und mehr zuspitzten, und man wird mir dann wohl zu-geben, daß, wenn der Geist und Körper für den letzten, das ganze Werk krönenden Schritt thatbereit fein follten, dann zunächst der Menschlichkeit mit ihren Bedürfnissen Rechnung getragen werden mußte. Wenn ich darauf hingewiesen habe, so könnte nur Derjenige darin einen Angriff auf die Pietät erblicken, welcher nur gewohnt ist, mit Zirkel und Karte zu arbeiten, nicht aber ein Soldat, der sich in ähnlichen deminutiven Lagen befunden, und der darum wissen muß, daß alles Menschliche eine Grenze hat. Ich habe mich in zwei solchen Lagen in untergeordneter Stellung befunden: 5—6 Tage dauernd die Zuspitzung einer Situation verfolgen, die Tag und Nacht vor dem Geiste schwebt, das zermalmt eine kräftige Natur. Man kann das hier nicht sagen, weil man ein kleineres Uebel für ein größeres in den Kauf nahm, indem man die Menschlichkeit berücksichtigte, und die leitende Spitze blieb frisch bis nach dem taktischen Finale. Es könnte nun immerhin möglich sein, daß am 17. die Folgen der unaufhörlich sich steigernden Schwierigkeiten und Spannungen bis zu einem gewissen Grade die Seelenkraft beeinträchtigt hätten; und daß aus einer Ueber-müdung, welche eben die Folge einer fast übermenschlichen Anstrengung und Verantwortung in der höchsten Spitze war, manches erklärbar würde. Allein der „Weisheit letzter Schluß" läßt sich mit Gewißheit noch nicht ziehen. Wer aber Besseres auszuführen und anzugeben weiß, als ich es gethan habe, der trete mit befriedigenden Aufklärungen hervor. Mit Wortgefechten sind Probleme nicht zu lösen. Trotz aller Spannungen in Bezug auf hüben und drüben, schreckte die Verantwortung aber nicht

vor einem letzten großen Entschluß, der Preisgabe der eigenen Ver=
bindungen zurück und bei der taktischen Ausführung der strategischen
Kombination wirkte alles zusammen, was überhaupt heranziehbar war.
Wäre der letzte Beruf der Kriegsgeschichte, einfach Thatsachen zu „buchen",
so hätte sie ein leichtes Werk; allein dies ist eben nicht ihr letzter Beruf,
sondern er liegt darin, für die Erscheinungen die Ursachen zu finden.
Jeder Kritiker wird alsdann auf mehr oder weniger große Unvoll=
kommenheiten stoßen, dann aber beginnt auch erst die Befruchtung des
praktischen Erfolges für die zukünftige Kriegführung. Was wirklich
Großes an Personen und Geschehnissen war, wird alsdann groß blei=
ben, trotz verschiedener Ausstellungen, was es nicht war, wird aller=
dings vor der Geschichte dahinschmelzen, wie der Märzenschnee vor der
Sonne. Man komme also nicht mit Pietät. Wer solche Friktionen,
wie vom 13. bis 18. August, als verantwortlicher Leiter über=
wunden und trotzdem einen beispiellosen Erfolg für sich hat,
der bleibt trotz aller Kritiken ein Held auf einem so weit=
leuchtenden Postament, daß nur ängstliche Gemüther wegen
einer sachlichen Untersuchung „Herzklopfen" empfinden kön=
nen, mit ängstlichen Gemüthern können wir aber im Kriegshandwerk
nichts machen. Wir wollen die Wahrheit, nichts als die Wahrheit, denn
sie ertheilt uns Lehren. Und wir wollen stahlharte Naturen, welche
die Wahrheit zu suchen den moralischen Muth haben, und sie zu
hören nicht fürchten. Denn ein durchbildeter Geist weiß zu gut, wie
viel und schwer die größten Feldherrn gefehlt haben, und wie Vieles
ihnen entweder mißrathen oder nicht in dem Grade gerathen ist, wie
sie es beabsichtigten, weil sie stets zunächst mit dem eigenen Menschen,
dann mit vielen Menschen zu kämpfen haben, die, mögen sie noch so
tüchtig sein, doch wieder noch größeren Irrthümern unterworfen sind,
welche sowohl im Charakter, ihrer Geisteskraft, als in vielen Dingen
liegen können, die wieder aus anderen Gebieten erwachsen, und die sich
häufig sogar einer Remedur ganz oder theilweise entziehen.

Allein auch das taktische Finale hat seine große Eigenart und
sein Neues, wie die vorhergegangene strategische Operation, ja viel=
leicht noch mehr. Es ist der Kampf gegen eine vorbereitete Stellung
mit verkehrter Front von einer räumlichen Ausdehnung und unter örtlich=
taktischen Erscheinungen, welche uns gebieterisch die Pflicht auferlegen,
diesen Tag taktisch nach allen Richtungen zu erörtern, damit wir zu

klaren Anschauungen über spätere Kriegslagen gelangen und zu den richtigen Mitteln und Wegen vordringen, sie siegreich zu überwinden. Wenn wir das nicht thun, nicht wollen oder nicht vertragen können, dann sind wir kranke Menschen; es giebt nichts Anderes. Denn dann wagen wir nicht, aus dem Brunnen zu schöpfen, den wir uns selbst bereitet haben: Wir bleiben gewissermaßen durstig vor ihm stehen und verdursten, weil wir nicht gelernt haben, aus ihm zu schöpfen. Mögen nun in strategischer und taktischer Beziehung Unvollkommenheiten unter= gelaufen sein, als Gesammtleistung muß selbst der strengste und be= fugteste Kritiker in Ehrfurcht sein Haupt vor der königlichen Gestalt beugen, ohne deren verständnißvolle Billigung der Moltke'schen Strategie keine Kompagnie hätte marschiren können. Abgesehen davon lastete auf dem König selbstredend als Staatsoberhaupt auch die Verantwortung für die politische Tragweite der zu fassenden und gefaßten Entschlüsse, und natürlich ebenfalls für die Preisgabe der Verbindungen, welche durch den Schlachtbefehl vom 18. August eintreten mußte. Man sollte indessen annehmen, daß ein urtheilsfähiger Leser keine Dinge entwickelt haben will, welche in ihrer Tragweite von selbst vor eines Jeden Auge treten müssen. Nun versteht es sich aber doch wohl von selbst, daß bei einer Reihe von Maßnahmen schwierigster und verantwortungsvollster Art, welche am 18. August ihren Abschluß fanden, Meinungen und Gegen= meinungen sich geltend machen und beim König zur Sprache kommen mußten. Wäre auch bis zum Erlaß des Schlachtbefehls vom 18. August der alles beherrschende Gedanke auf den feindlichen Marsch nach Nord= westen gerichtet gewesen, und zielte daraufhin der Operationsbefehl ab, so zeigt doch allein die Thatsache, daß die 2. Armee mit dem Falle rechnete, eventuell nach Westen einschwenken zu müssen, während die 1. befürchtete, nicht zeitig genug gegen Osten unterstützt werden zu können, um ihre Aufgabe zu lösen, daß es einer hervorragenden und festen Autorität bedurfte, um trotz verschiedener und nicht ganz unbegründeter Einwendungen, welche eben in der Situation lagen, die Fäden sicher in der Hand zu halten und sowohl die verschiedenen Meinungen zu be= herrschen, als die sehr heterogenen Persönlichkeiten. Allein der Umstand, daß alles dies durch die Autorität des Monarchen und Feldherrn glücklich und ohne irgend welche Härte nach irgend einer Seite hin überwunden wurde, verpflichtet die Mit= und Nachwelt zum Danke gegen die Weisheit, Festigkeit und Klarheit des königlichen Feldherrn

in diesen schweren Stunden. Nichts kann diesen Ruhm König Wilhelms I.
vermindern; gewiß hatte der König in Moltke einen genialen Rathgeber,
der ihn an Pflichtbewußtsein erreichte, gewiß schwieg in diesem Augen=
blick die Staatspolitik, allein die Verantwortung für die Entschlüsse
ruhte auf dem Könige. So gewiß nun aber ein Kunstwerk ein Kunst=
werk bleibt, trotzdem es bis zu seiner Vollendung verschiedene Ab=
änderungen erlitten hat, so gewiß wird der König wegen der Verant=
wortung, welche er hier durch die Sanktionirung der Entschlüsse auf
sich nahm, eine weltgeschichtliche Figur bleiben, trotzdem die Entschlüsse
selbst durch mancherlei Fährlichkeiten erschwert und in ihrer Ausführung
sogar in Frage gestellt wurden. Das ist das Urtheil der Geschichte
und es wird es bleiben.

Schlachtleitung, Standpunkte des Leiters.

Für meinen Kritiker ist offenbar „die Friktion des Krieges" eine
Universalerklärung für alles, das er selbst nicht erklären kann; ich habe
nichts darwider, nur bitte ich zu sagen, was er unter diesen Umständen
darunter eigentlich verstanden wissen will. Keinesfalls habe ich den
Eindruck, daß er auf einer anderen Grundlage als des „Zirkels und
der Karte" zu Werke gegangen sei und ich lasse die Frage offen, ob
er oder ich mehr in der lebendigen Praxis thätig war, um einen Ge=
schmack von der Schwierigkeit der Führung zu erhalten und von der
größeren Schwierigkeit, ihrer kritischen Beleuchtung. Mein Kritiker be=
hauptet, in meinem Buche würde eigentlich alles scharf an Moltkes
Maßnahmen getadelt, mit Ausnahme des Operationsbefehls vom
17. August, 2 Uhr. Ich bedaure das schwache Gedächtniß und ver=
weise lediglich auf meine Angaben über das Eingreifen des 2. Armee=
korps, auf die Entstehung des Grundgedankens der Schlacht, auf den
Entschluß der Einschließung, auf das Gesammtfazit! Was im Uebrigen
von mir getadelt wird, ist tadelnswerth. Der Eine versteht das unter
diplomatischer Umschreibung, er ist im euphemistischen Koder zu Hause.
Ich ziehe es vor, die Dinge mit ihren Namen zu nennen, und schreibe
frei von der Leber weg. Reine Grenzen sind für mich die Unterlage
für klare und bestimmte Begriffe. Ein weiterer Beweis, daß mein
Kritiker an einem schlechten Gedächtniß leidet, liegt in seiner Be=
hauptung, daß ich unter den thatsächlich bestandenen Friktionen nur
„Rücksichten" aufgeführt hätte. Ich glaube, ich bin über andere

Friktionen recht deutlich geworden. Allein das Schreibwerk trägt zu deutlich die Absicht an der Stirn, tadeln um jeden Preis. Ich tröste mich: Gute Früchte sind stets von Wespen am meisten gesucht worden. Freilich auf Lobhudelei verstehe ich mich schlecht, diesen Ruhm begehre ich nicht: Ich gehe meine Wege und folge meinem Verstande; ich freue mich, wenn mich Jemand widerlegt und auch belehrt, wenn recht viele da sind, welche auf mich herabsehen dürfen. Ich nehme kein scharfes Wort krumm, dagegen verabscheue ich die Methode, welche mit versteckten Angriffen vorgeht. Bisher war das auch nicht üblich.

Was wird man nun zu folgendem Erguß sagen, den ich zur Erheiterung der Leser gern weiterverbreite.

„Ganz unhaltbar ist nun aber das, was Hoenig über die Stellung des Hauptquartiers am 18. August sagt, unhaltbar, weil er auch hier nur mit vollendeten, jetzt genau bekannten Dingen rechnet, während die Kritik mit den werdenden, unbekannten Dingen, sowie sie sich vor den Augen des Feldherrn entwickelt haben, rechnen muß. Gerade dieser Tag ist für die Wahl der Stellung eines Hauptquartiers sehr lehr= reich. Er zeigt uns am Schlusse der Schlacht das deutsche Haupt= quartier anstatt auf dem entscheidenden linken Flügel auf dem rechten Flügel, da, wo es —nach dem der Schlacht zu Grunde liegenden Ge= danken des Feldherrn eigentlich nicht hingehörte; der Tag zeigt aber auch, daß die elementare Gewalt der taktischen Ereignisse den Feldherrn zwingen kann, an dem strategisch nicht entscheidenden Punkte zu ver= bleiben, weil ihm nach dem Gange der Schlacht dieser Punkt als der wichtigste erscheint. Der 18. August ist ein blutiges Zeugniß für die Unberechenbarkeit der Dinge in der Schlacht, und der praktische Soldat thut gut, sich mit dem Gedanken an das Unberechenbare im Kriege vertraut zu machen, damit er nicht in den unverzeihlichen Fehler ver= fällt, zu glauben, es sei in der Wirklichkeit alles leicht und durchführ= bar, was auf dem Papier einfach und selbstverständlich erscheint. Das ist eine der großen Lehren des 18. August, die Jeder, der ein Urtheil fällen will, berücksichtigen muß.

Auch mit der Schlachtleitung des Feldmarschalls befaßt sich Hoenig und kommt dabei zu dem Ergebniß, daß Moltke die Schlacht über= haupt nicht geleitet habe, weil nämlich eine direkte Einwirkung auf die 2. Armee während der eigentlichen Schlacht nicht vorhanden gewesen fei. Der Feldmarschall selbst ist anderer Ansicht gewesen, und mit Recht! Denn wenn eine Armee in der Schlacht die ihr von dem Leitenden gestellte Aufgabe nach seinen großen Gesichtspunkten durch= kämpft, und das that die 2. Armee, so ficht sie thatsächlich unter Leitung des Oberfeldherrn. Das war Moltkes Art überhaupt, daß er den Armeeführern freie Hand ließ, so lange er sie mit seinen Ideen im Einklang wußte, und das ist auch für die Zukunft das Richtige, denn sonst brauchen wir an die Spitze unserer Armeen nicht unsere besten Generale zu stellen."

Ich kann mich dazu kurz fassen: Wenn das die richtigen Ansichten sind, dann müssen wir noch heute abdanken; damit werden die Dinge geradezu auf den Kopf gestellt, „weil — der Zweck nun mal die Mittel heiligen soll". Solche Dinge muthe man mir nicht zu, ich kann damit meine Zeit nicht vergeuden. Man geht in der Regel richtig, wenn man den militärischen Instinkt lediglich nach der Wahl eines Themas beurtheilt. Ich wußte vollständig was ich that, als ich die „24 Stunden" schrieb und was ich dabei wollte. In diese Dar= legungen konnte strategisch und taktisch alles zusammengefaßt werden, dessen wir wie das tägliche Brot in Zukunft bedürfen. Den Ruhm, mich zu tadeln, weil ich mich hier mit allen Maßnahmen hoher und uns liebgewordener Personen nicht einverstanden erklären konnte, über= lasse ich gern Anderen. Nein, Moltke hat die Schlacht nicht geleitet, und ich bestreite, daß der Feldmarschall anderer Ansicht gewesen sein kann. Ich frage, wußte denn Moltke, daß die 2. Armee ihre Auf= gabe durchkämpfte? Thatsächlich bestand seit der eigentlichen Schlacht bei St. Privat keine Verbindung zwischen Hauptquartier und Ober= kommando. Sie hätte aber sehr wohl bestehen können. Moltke mußte jedenfalls dauernd durch Meldungen auf dem Laufenden gehalten werden. Was aber, wenn die 2. Armee ihre Aufgabe nicht durch= gekämpft hätte? War das denn ausgeschlossen? Was, wenn sie mit verkehrter Front zu einem excentrischen Rückzuge gezwungen worden wäre? Man muß doch auch mit solchen Eventualitäten in der Leitung rechnen. Nehmen wir nur den Fall, die französische Grenadierdivision wäre gegen 6 Uhr bei St. Privat gewesen, würde dann die 2. Armee am 18. ihre Aufgabe durchgekämpft haben?! Ich glaube es nicht, wenn ich den Widerstand des 6. Korps allein zur Grundlage nehme. Wäre in allen diesen Fällen nicht mehr Leitung nothwendig gewesen, und als Vorbedingung dafür ein geeigneterer Platz für Moltke. Aber ich will auch hier meinen Kritiker historisch widerlegen. Moltke wußte bei Königgrätz seine Armeeführer im Einklang mit seinen Ideen, trotzdem schickte er um 1³/₄ Uhr (G. St. W. II, S. 372) folgenden Befehl ab: „Kronprinz bei Zizelobes, Rückzug der Oesterreicher nach Josephstadt abgeschnitten. Es ist von größter Wichtigkeit, daß General v. Herwarth auf dem entgegengesetzten Flügel vorrückt, während im Zentrum die Oesterreicher noch Stand halten. Sadowa, gez. v. Moltke."

Dieser Aufforderung war durch die That bereits entsprochen, als der Befehl einlief. Genau so, wie damals Problus der strategische Punkt war, war es hier St. Privat! Es war also nicht Moltkes Art „überhaupt" zu verfahren, wie bei Gravelotte. Moltke hat nur drei Schlachten persönlich geleitet, da kann man von seiner Art „überhaupt" überhaupt nicht sprechen. Gnade Gott uns, wenn das in Zukunft das Richtige sein soll, was dieser Kritiker vorbildlich am 18. August sieht, und armer Moltke, wie traktiren dich deine Epigonen! Heute, wo wir mit Telegraphen, Telephonen und Luftballons wirthschaften, wie in einem Laboratorium, soll die ununterbrochene Einwirkung nie so sicher zu stellen sein, daß man sich unbedingt darauf verlassen könne. Wie war denn das schon bei Königgrätz? Also bitte, erst mich belehren können, dann will ich gerne lernen. Erst mehr Praxis haben, dann lasse ich mir gefallen, sich damit mir gegenüber in die Brust zu werfen. Was das „Militär-Wochenblatt" aber in der Nummer 12 und 20 geleistet hat, könnte einen recht wenig pessimistischen Mann veranlassen, sehr besorgt in die Zukunft zu sehen. Allein ängstlich bin ich doch nicht.

Und darin bestärken mich in diesen Punkten wieder die Ansichten eines Generals, vor dessen scharfem Verstande und reicherer Erfahrung ich mich gerne beuge. Niemand anders, als der wiedererstandene Clausewitz, der General der Infanterie v. Scherff, welcher, als er schrieb, von diesen „eigenen" Auffassungen des „Militär-Wochenblattes" keine Kenntniß haben konnte, denn die letzteren waren damals noch nicht gedruckt, steht vollständig auf dem Boden meiner Ansichten. Er sagt zu den Streitpunkten:

„Das Resultat war der Zerfall der Schlacht in zwei Schlachten, wie Hoenig nicht unrichtig sagt, zumal noch andere Unterlassungssünden der zur Aufrechterhaltung des Zusammenhanges zwischen Ober- und Armeekommandos bestimmten Organe hinzugekommen sind. Die Empirik

ist dann unzweifelhaft zu schwerem Nachtheil einer gesunden Fort=
entwickelung unserer Schlachttaktik alsbald mit ihrer Schlußfolgerung
zur Hand gewesen, ‚man sieht, heutzutage ist eine Schlachtdisposition
nicht mehr möglich‘, und die große Masse spricht ihr diesen Satz ge=
dankenlos nach! Daß Hoenig Protest dagegen erhebt (24 St., S. 19)
bleibt freudig zu begrüßen.“ . . .

Und an anderer Stelle sagt er:

„Daß solche bestimmte Weisung im weiteren Verlaufe der Ereig=
nisse aber nicht erfolgt ist, ist mit ein Grund, warum auch Gravelotte
eine „selbständige“ Schlacht geworden ist, deren einheitliche Durch=
führung in sich, dann aber weiter auch noch darunter gelitten hat,
daß hier nicht, wie bei der zweiten Armee, eine einheitliche Flügel=
leitung vorhanden war“.

Und über den Platz des Hauptquartiers äußert sich der General,
wie folgt:

„Es kann wohl kaum verkannt werden, daß, wenn das Armee=
Oberkommando sich bald nach dieser Zeit in die Gegend von Mal=
maison (12½ Uhr. Mittags) begeben hätte, es daselbst, einmal im
Gipfelpunkt der Straßen nach Jarny, Batilly und St. Marie aux
Chênes in Verbindung mit der zweiten Armee, andererseits im Mittel=
punkt der gegen Osten gewendeten, zunächst zur Festhaltung des Gegners
bis nach erfolgter Umfassung seines rechten Flügels bestimmten Front
der Gesammtarmee, sich zunächst jedenfalls an geeigneterer Stelle be=
funden hätte, um auch über die erst im Anmarsch auf Rezonville be=
findliche Armeereserve zu verfügen. Daß es von dieser Stelle aus
voraussichtlich rechtzeitig möglich gewesen sein würde, eine einheitliche
Leitung mindestens in die Angelegenheiten des eigenen rechten Flügels
von der Mosel bis Verneville zu bringen, wird kaum geleugnet werden können!
War dieses Ziel aber erreicht, so ergab sich dann später vielleicht von
selbst mit der Verschiebung des Schwerpunktes der Schlacht, nach dem
entscheidenden linken Flügel der Armee hin, auch die naturgemäße
Verlegung des Standpunktes des königlichen Oberfeldherrn aus dem
taktischen Gebiet der 1. in dasjenige der 2. Armee, d. h. von der Mitte
des hinhaltenden nach dem entscheidenden Flügel!“

Und über die Abschätzung der taktischen Vorgänge bemerkt der
General v. Scherff:

„Unter diesem Gesichtspunkt der Selbständigkeit jeder Einzel=

schlacht kann man denn auch eher die Hoenig'schen Vorwürfe, betreffend die Vernachlässigung des umfassenden Angriffs gegen den feindlichen linken Flügel aus dem Bois de Vaux her, anerkennen, der aber gegenüber der Anlage der Gesammtschlacht doch nur eine Hülfs= rolle spielen konnte."

Mit diesen Ansichten eines befugten Kritikers gebe ich mich gerne zufrieden.

Schluß.

Ich hätte mit diesen Darlegungen warten können, um sie bei der 3. Auflage der „24 Stunden" zu benutzen, was Anfangs auch meine Absicht war. Die tabelsüchtige Schreibart des Artikels in Nummer 20 des „Militär=Wochenblattes" legte mir indessen die Pflicht auf, jetzt zu antworten; denn bekanntlich nehmen leicht Leser etwas für baare Münze, das nicht sogleich widerlegt wird. Nichts destoweniger werde ich in der 3. Auflage der „24 Stunden" manches Andere aus= führen, sobald ich zu der Ueberzeugung gelange, daß ich das mir von vielen Seiten zugeflossene Material verwerthen muß. Mein Werk scheint in der That die Zungen gelöst zu haben. Allein es kam mir dabei und in dieser skizzenhaften Darstellung nicht darauf an, den Einen zu loben und den Andern zu tadeln, sondern ich verfolgte hinsichtlich der Dar= legungen über das Hauptquartier die Absicht, zu zeigen, daß wir über den Platz desselben von 1866 bis 1870 uns nur wenig verbessert hatten, daß eben gerade hier das Verlassen schlechter Gewohnheiten und die Fürsorge für zeitgemäße Einrichtungen, welche das Haupt= quartier befähigen, unter Umständen eine Nacht oder zwei unmittelbar am Feind zu bleiben, bringend nothwendig sind. Denn in Zukunft dürften sich Operationen und Schlachten, welche mit denen vom 13. bis 18. August 1870 große Aehnlichkeit haben, wiederholen; die Erstarkung der taktischen Defensive, sowie die Grenzbefestigungen lassen wenigstens vermuthen, daß mehrtägige Positionsschlachten eintreten werden, und alsdann dürften an das Hauptquartier noch zwingendere Anfor= derungen herantreten, auf dem Schlachtfelde oder in unmittelbarer Nähe desselben verbleiben zu können, als es am 17. und 18. August 1870 der Fall war. Wo ich im Uebrigen über die Maßnahmen von Personen geurtheilt, habe ich nur von meinem guten Recht Gebrauch gemacht, denn diese Personen sind heute historische Figuren! Es ist nun aber doch schlechterdings nicht einzusehen, weshalb der Kritik über Friedrichs des Großen Kriegführung nichts im Wege stehen soll, aus der wir operativ wenig lernen können, und weshalb eine solche über die operative Periode verpönt sein soll, deren genauestes Studium uns nothwendig ist, wie das liebe Brot, und in der natürlich auch Mängel und Fehler vorhanden sind. Wenn man da gleich mit Verletzung der Pietät kommt, dann frage ich, wie und auf welchem Wege soll man lernen, wenn „weiß" nicht „weiß" und „schwarz" nicht „schwarz" genannt werden darf? Das ist einfach unverständlich und führt außerdem zu einem Byzantinismus, den gewiß Keiner stärker verabscheute, als Wilhelm der — Wahre!

Druck von C. G. Röder, Leipzig.

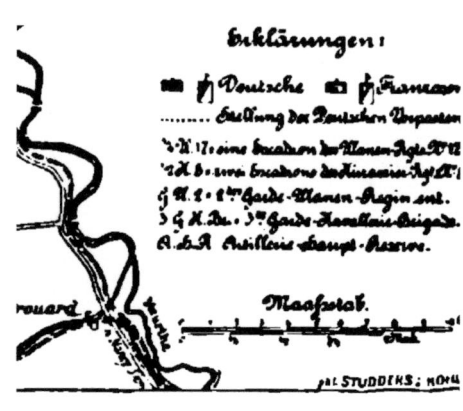

des Generalstabes.)